Reise durch

BERLIN

Bilder von

Jürgen Henkelmann

Texte von

Volker Oesterreich

Stürtz

INHALT

Erste Seite:
Shoppen und Flanieren: Das mondäne Quartier 206 an der Friedrichstraße gehört zu den neuen Kommerz- und Konsumtempeln Berlins.

Vorherige Seite:
Nahtstelle zwischen Ost und West: Der Straßenverkehr macht vergessen,

dass sich am Brandenburger Tor jahrzehntelang Warschauer Pakt und Nato gegenüber standen.

Unten: *Postkarten und Berlin-Souvenirs in Hülle und Fülle, hier am Checkpoint Charlie.*

Seite 10/11: *Gleich beginnt die Vorstellung im Musical-Theater (rechts) am Marlene-Dietrich-Platz, der zur Neubebauung des Areals am Potsdamer Platz gehört, dem neu entstandenen Stadtteil im Herzen Berlins.*

MAX
DISCOVERY
GIACOMELLI
SPORT
WÖHRL
SATURN

AUSSTELLUNG

BERLINER WECHSELBÄDER

Im mächtigen Betonbau des Bundeskanzleramtes zwischen Spree und Moltkestraße residiert seit Mai 2001 Gerhard Schröder als erster Mieter. Rechts davor die 90 Tonnen schwere Metallplastik „Berlin" des baskischen Künstlers Eduardo Chillida.

Von einem Extrem zum anderen ist es oft nur ein Katzensprung. Im Ortsteil Lübars etwa hat Berlin den Charme von Kleinkleckersdorf, beim Empfang der Wirtschaftskapitäne im Adlon in Berlin-Mitte gibt man sich dagegen so weltstädtisch, als würde man auf einem roten Teppich über die Champs-Elysées oder die Fifth Avenue stolzieren. Gegensätze gehören zu Berlin wie der Panda zum Zoo oder der Funkturm zum Messegelände. Auf den braunen Terror des »tausendjährigen« Reichs folgte die Diktatur der roten Politbüro-Greise. Und vom Gewimmel des Weekend-Shoppings am Wittenbergplatz ist es nicht weit bis zu den Naturschutzgebieten am Stadtrand, wo sich jetzt, nach mehr als 150 Jahren, erstmals wieder ein Seeadler-Paar einen Nistplatz gesucht hat.

Der lange Zeit vom Aussterben bedrohte deutsche Wappenvogel sucht offensichtlich die Nähe zur »fetten Henne«, unter deren Schwingen die Mitglieder des Bundestages im aufwändig sanierten Reichstagsgebäude über Rentenreform, Castor-Transporte oder Spendenaffäre brüten. Für Tageslicht und das richtige Klima im Plenarsaal sorgt die vom britischen Star-Architekten Sir Norman Foster über den exklusiven Debattierklub gestülpte Glaskuppel, in der sich der eigentliche Souverän, das Volk, auf einem Spiralweg tummelt, um einerseits den Parlamentariern auf dem Kopf herumzutanzen und andererseits vom herausgehobenen Posten das 360-Grad-Panorama der Hauptstadt zu genießen. Bevor es so weit ist, muss man sich meist in einer Tugend üben, die vor 1989 eher im Ost-Teil der Stadt gepflegt wurde: im Schlangestehen. Der Andrang zum Gratisvergnügen ist enorm. Wer sich als Berlin-

Besucher zu den Fortgeschrittenen zählt, kommt erst in den späteren Abendstunden, um in etwas ruhigerer Atmosphäre der alten Ernst-Reuter-Parole aus Blockade-Tagen zu folgen: »Ihr Völker der Welt, schaut auf diese Stadt.«

VOM UMGANG DER ARCHITEKTEN MIT DER GESCHICHTE

Manch einer hätte den Reichstag lieber ohne Kuppel gesehen, das halbierte Glasei galt ihnen als bemühter Versuch einer Restauration der Verhältnisse vor 1933. Die Brüche der Geschichte und ihre architektonischen Narben würden kaschiert. Es werde so getan, als hätte es den Reichstagsbrand nie gegeben. Ein Parlamentsgebäude mit Kuppel, so die Kritiker, sei, von der kurzen Phase der Weimarer Republik einmal abgesehen, kein Symbol der Demokratie, sondern erinnere eher an jene Zeiten, als Kaiser Wilhelm II. den Gründerzeit-Bau von Paul Wallot als »Reichsaffenhaus« diffamierte. Inzwischen sind diese Stimmen verstummt. Das im Innern völlig entkernte, als moderner Funktionsbau wiedererstandene Parlament verweist in die Zukunft, ohne die Vergangenheit zu leugnen. Am deutlichsten stehen dafür die kyrillischen Graffiti der Roten Armee aus den Tagen des Endkampfes um Berlin. Norman Foster hat sie als stumme, aber dennoch beredte Zeugen in seinem Reichstags-Konzept konserviert.

Schräg vis-a-vis haben Axel Schultes und Charlotte Frank für 465 Millionen Mark die neue Machtzentrale des Regierungschefs hochgewuchtet. »Kohlosseum« nennen die Berliner die neue weiße Betonfestung nach ihrem Auftraggeber. Sein Aquarium konnte Helmut Kohl allerdings nicht mehr im 150 Quadratmeter großen Chefzimmer aufstellen, denn Gerhard Schröder zog im Mai 2001 als erster »Trockenmieter« ins üppig dimensionierte Bundeskanzleramt, das selbst der »New York Times« viel zu pompös erschien.

Einen Ehrenplatz im Ehrenhof des Gebäudes bekam die fünfeinhalb Meter hohe, knapp 90 Tonnen schwere Metallplastik »Berlin« des baskischen Künstlers Eduardo Chillida. Die beiden rostigen Krallen des Denkmals greifen ineinander und symbolisieren die Einheit, Skeptiker meinen eher, da wasche wohl eine Hand die andere. Was für Bonn die Henry-Moore-Plastik war, dürfte für die Berliner Republik dieses Werk Chillidas werden: ein oft gefilmtes Verlegenheitsschnittbild, wenn die Reporter allzu lange auf Neuigkeiten aus dem Kabinettssaal in den oberen Etagen warten müssen.

Zusammen mit den Neubauten des Marie-Elisabeth-Lüders-Hauses und des Paul-Löbe-Hauses (für die Parlamentsbibliothek, Abgeordnetenbüros und Verwaltung) gliedert sich das Kanzleramt ein in das so genannte »Band des Bundes«, das mit seinem zweifachen Brückenschlag über die Spree Ost und West miteinander verklammert. An dieser Stelle zeigt sich auch ein weiterer Gegensatz: der von großer Politik und »kleinen Leuten«. Denn der futuristisch anmutende Bundestagskindergarten schmiegt sich direkt an das »Band des Bundes«. Zum Ärger der Rest-Berliner aus dem Regierungsbezirk ist er alleine den Sprösslingen von Parlamentsangestellten vorbehalten.

Egal ob groß oder klein, Ost oder West, arm oder reich – die typischen Berliner Wechselbäder haben schon immer die Geschicke der Stadt bestimmt. Ähnlich wie Alfred Döblin in »Berlin Alexanderplatz« beschrieb dieses Phänomen auch Erich Kästner in seiner Anfang der 30er Jahre erschienenen Gesellschaftssatire »Fabian«, in der es über Berlin heißt: »Soweit diese riesige Stadt aus Stein besteht, ist sie fast noch wie einst. Hinsichtlich der Bewohner gleicht sie längst einem Irrenhaus. Im Osten residiert das Verbrechen, im Westen die Gaunerei, im Norden das Elend, im Süden die Unzucht, und in allen Himmelsrichtungen wohnt der Untergang.« Wie immer steckt auch in dieser literarischen Zuspitzung ein Fünkchen Wahrheit.

BERLIN-MITTE – EIN ABENTEUERSPIELPLATZ DER MÄCHTIGEN UND REICHEN

Das gilt auch für Kästners Kinder-Krimi »Emil und die Detektive«, der unter anderem in der Schumannstraße spielt, ganz in der Nähe des Deutschen Theaters, in dem Kästner als Dramaturg beschäftigt war. Mitten in Mitte also, die sich nicht nur wegen der Regierungsfunktion, sondern auch we-

Architektonische Melange von Vergangenheit und Zukunft: Rund 23 Meter hoch und 40 Meter breit ist Sir Norman Fosters gläserne Kuppel auf Paul Wallots altem Reichstag. Nach dem Umbau tagte hier der Bundestag zum ersten Mal am 19. April 1999.

gen ihres geballten Kulturangebots zum »hot spot« der Hauptstadt entwickelt hat. Mehr als 150 Milliarden Mark wurden hier in den letzten zehn Jahren verbaut. Laut »Stern« ein »Abenteuerspielplatz der Mächtigen und Kreativen«. Jetzt spüre man wieder das »Vibrieren einer Weltstadt« und fühle sich erinnert an die Berlin-Bilder von Ernst Ludwig Kirchner, schwärmte die Zeitschrift. Vielleicht ist diese Mitte der einzige Flecken Deutschlands, auf dem die Wiedervereinigung wirklich geglückt ist. Denn in Mitte ist sogar die Mauer in den Köpfen verschwunden. Selbst Claus Peymann, der immer skeptische Intendant des Berliner Ensembles, genießt die exponierte Lage von Berlin-Mitte und will das ehemalige Brecht-Theater zum »Stachel im Arsch der Regierung« umfunktionieren – und sei es auch nur, um seinem rebellischen Konkurrenten Frank Castorf von der Volksbühne am Rosa-Luxemburg-Platz den Marsch zu blasen.

Den stoischen Kontrapunkt zu den beiden umtriebigen Theatermachern setzt der kürzlich wieder aufgemöbelte Alte Fritz, der auf seinem bronzenen Lieblingspferd Condé die Zeitläufte ignoriert und bei seinem Ausritt Unter den Linden so tut, als gäbe es die Blechlawine zu beiden Seiten seines Denkmalsockels überhaupt nicht. Vielleicht hält sich der Monarch aber auch nur an seinen Leitspruch und denkt angesichts des rasanten Wandels seiner Residenzstadt, »jeder möge nach seiner Façon selig werden«, wenn es sein muss eben auch mit mehr als einem PS. Im Übrigen kann der Alte Fritz höchst zufrieden sein, wurde doch das Preußenjahr 2001 in Erinnerung an die 1701 zelebrierte Königskrönung seines Vorfahren Friedrich I. mit Ausstellungen, Vorträgen und anderem borussischen Brimborium groß in Berlin gefeiert. Dabei besann man sich wieder der beiden Pole des Preußentums: des aufgeklärten, liberalen Geistes der so ehrgeizigen wie kulturell geprägten Herrscher, aber auch des säbelrasselnden Militarismus. Historische Schwarzweiß-Malerei, passend zu den preußischen Farben Schwarz und Weiß. Am Gesellschaftsleben der neuen deutschen Hauptstadt nehmen die Nachfahren der preußischen Könige und deutschen Kaiser ganz selbstverständlich teil. Aus ihrer Villa »Monbijou« in Grunewald haben sie es ja auch nicht weit zu den entsprechenden Events – ganz zur Freude der boomenden Branche der Klatschreporter.

Zu Füßen des Alten Fritz drängen sie sich jetzt alle wieder im Schmelztiegel von Berlin-Mitte: die Minister und Manager, Macher und Musen, Möchtegerns und Multimedia-Glücksritter. Der prophezeite Rutschbahneffekt ist voll eingetreten. Sogar den Bundesrat, der ursprünglich in Bonn bleiben sollte, zog es an die Spree – ins altehrwürdige Preußische Herrenhaus an der Leipziger Straße.

DAS FLAIR DES KULTURELLEN AUFBRUCHS

Treffpunkt der Reichen und Schönen sind die Nobelrestaurants im Schatten von Schinkels altem Schauspielhaus am Gendarmenmarkt, der immer wieder als schönster Platz Berlins beschworen wird. Im Schauspielhaus stellte Gustaf (mit f!) Gründgens die Frage nach Sein oder Nichtsein und ahnte dabei vielleicht schon, dass sein Staatstheater im Zweiten Weltkrieg untergehen würde. Nach der Restaurierung zu DDR-Zeiten wurde es zum Konzerthaus umfunktioniert und dient heute festlichen Staatsakten oder als Kulisse für die Verleihung der Goldenen Kamera. Zu beiden Seiten flankiert wird der Musentempel von den ebenfalls aus Ruinen wieder auferstandenen Deutschen und dem Französischen Dom. Während der von Schiller bewachte Platz die Aura des Wahren, Guten und Schönen verströmt, atmet ein paar Straßenzüge weiter die Gegend um die August-, Tucholsky- und Oranienburger Straße das Flair des kulturellen Aufbruchs (in der Galerien-Szene) beziehungsweise des unbeschwerten Lebens der Bohemiens (in den zahlreichen Kneipen und Clubs, die sich von der alten Synagoge bis zu den Hackeschen Höfen aneinander reihen). Wenn sich nach Einbruch der Dunkelheit die Asphaltsirenen in Erwartung horizontaler Geschäfte unters flanierende Volk mischen und dazu die roten Lichter vom Fernsehturm am Alex ironisch blinken, fühlt man sich in eine Zeit versetzt, als George Grosz seine unnachahmlichen Halbweltstudien schuf und Döblin seinen aus Tegel entlassenen Franz Biberkopf mit der rauen Berliner Wirklichkeit konfrontierte.

Tierisch gut: Durchs Elefantentor betritt man den artenreichsten Zoo der Welt. Rund 15 000 Tiere in 1700 Arten können bestaunt werden. Besonders populär sind der Panda Bao-Bao, der Seehund Franz und die Gorilla-Dame Dufte. Ein weiterer Eingang findet sich beim Bahnhof Zoo.

Wiederum eine andere Seite von Berlin-Mitte präsentiert die zweigeteilte Friedrichstraße: Nördlich der Linden ist sie eine Kulturmeile, südlich eine Konsum-Promenade. Schon Heinrich Heine schwärmte von ihr in seinen 1822 geschriebenen »Briefen aus Berlin« in den höchsten Tönen: Die Friedrichstraße veranschauliche »die Idee der Unendlichkeit«, schrieb er. Heute begegnet einem diese Unendlichkeit in Gestalt der unendlich langen Beine der Girlsparade im Friedrichstadtpalast, in Form teils unendlich komischer Aufführungen im Kabarett »Die Distel« oder während der Pop- und Party-Events, die das Publikum im »Tränenpalast« am Bahnhof Friedrichstraße erwarten, jener Halle, in der bei der Aus- und Einreise in die jeweils andere Stadthälfte bis 1989 so unendlich viele Tränen flossen. Das Shopping in dem von Jean Nouvel entworfenen Glasgletscher der Galerie Lafayette oder im mondänen, aber etwas unterkühlten Quartier 206, beide im Süden der Friedrichstraße, lassen einen dagegen nur an eines denken: an die Endlichkeit des eigenen Geldbeutels.

So sehr die Mitte von Berlin in schnellem Rhythmus auch pulsieren mag, ihr städtebauliches Herz hat sie durch die Sprengung der Hohenzollern-Residenz in den fünfziger Jahren verloren. Ulbricht brauchte einen Paradeplatz und opferte dafür das verhasste Relikt des Feudalismus, das bei weitem nicht so stark zerstört war wie das längst restaurierte Charlottenburger Schloss im Westen. Als sozialistischer Kontrapunkt wurde der Asbest-verseuchte Palast der Republik mit Restaurants, Veranstaltungssälen, einer Disko und dem Saal der DDR-Volkskammer errichtet. Ob Teile von »Erichs Lampenladen« nach der derzeit laufenden Asbestsanierung erhalten bleiben und möglicherweise in einen Neubau mit davorgestellter Schlossfassade integriert werden, ist noch offen. Seit Jahren streiten die Experten darüber, wie eine solche Operation am offenen Herzen der Stadt durchgeführt werden soll. Wie immer, wenn man in Deutschland nicht weiter weiß, lässt man eine hochrangig besetzte Kommission über Lösungsvorschlägen brüten.

Ginge es nach dem Kaufmann Wilhelm von Boddien, würde die nötige Milliarde für einen Neubau des Schlosses durch den Verkauf von Schloss-Aktien zusammengekratzt. Anfang der neunziger Jahre hat der unermüdliche Schloss-Propagandist eine Attrappe von Schlüters Schlossherrlichkeit aus bemal-

Mußestunde im Museum: die Jeff-Koons-Ausstellung in der Berliner Guggenheim-Dependance, untergebracht in der Filiale einer großen Bank Unter den Linden. Gezeigt werden hier in Wechselausstellungen Bestände der New Yorker Guggenheim-Sammlung.

ten Plastikplanen errichtet. Überzeugt hat er durch seine Aktivitäten viele, sogar einen der prominentesten deutschen Politiker: Bundeskanzler Gerhard Schröder, der bis zum Frühjahr 2001 aus seinem provisorischen Bundeskanzleramt im ehemaligen DDR-Staatsratsgebäude auf das städtebauliche Fragezeichen namens Schlossplatz blickte. Ins Staatsratsgebäude selbst, einst auch Erich Honeckers Dienstsitz, wurde ein Original-Teil der alten Schlossfassade eingebaut. Der Grund liegt nahe: Man wollte sich nicht von jenem Balkon trennen, von dem Karl Liebknecht 1918 die sozialistische Republik ausgerufen hatte.

Alle Spekulationen über eine (Teil-)Rekonstruktion des Schlosses sind müßig, so lange nicht geklärt ist, wie der Bau genutzt werden soll: als Kongresszentrum, Museum, Kulturzentrum, Beamtensilo oder Multifunktionskomplex wie die Wiener Hofburg. Gleichzeitig verlangt auch der Umgang mit den Resten des Palastes der Republik große Sensibilität. In Ost-Berlin haben sich viele mit dem »Palazzo Prozzo« identifiziert, nicht nur weil man hier Hochzeiten oder andere private Feste feierte, sondern auch die Auftritte von populären Gästen wie Udo Lindenberg erleben konnte. Im Übrigen wurde im Palast auch der Beitritt der neuen Länder zur Bundesrepublik beschlossen. Der Volkskammer-Saal steht deshalb unter Denkmalschutz.

EINE NEUE STADT IN DER STADT – DER POTSDAMER PLATZ

Als wäre ein Raumschiff aus einer fernen Galaxie am Rande von Berlin-Mitte gelandet, wirkt das Glas-Zeltdach des Sony-Centers am Potsdamer Platz. Genauso gut könnte die gefaltete Stahl-und-Glas-Konstruktion über der 4000 Quadratmeter großen Piazza auch ein Nachbau des Fujijama sein, der in den Abendstunden mal grün, mal lila leuchtet. Nach der Daimler-Benz-

Tochter Debis war der japanische Elektronikkonzern der zweite Großinvestor, der sich daran machte, den teilungsbedingt zur Stadtbrache verkommenen, mythenüberfrachteten Platz wieder zum quirligen Mittelpunkt Berlins zu machen.

Schon in Theodor Fontanes »Poggenpuhls« von 1896 schwärmt eine Romanfigur vom Potsdamer Platz, »weil da das meiste Leben ist. Und Leben ist nun mal das Beste, was eine große Stadt hat.« Über »Herden von Automobilen«, zahllose Autobusse und Menschen, die in der Masse gesichtslos wurden, berichtete 1928 das »Berliner Tageblatt« in einem Feuilleton. Damals galt der Potsdamer Platz als der »verkehrsreichste« Europas. Hier stand die erste Ampel Deutschlands, ein merkwürdiges Gebilde mit Uhr und einer Polizistenkanzel. Eine Replik davon beschwört im Schatten des Kollhoff-Hochhauses und der Gläsernen Zentrale der Deutschen Bahn AG die Großstadthektik der Goldenen Zwanziger, von der sich Fritz Lang in seinem futuristischen Ufa-Epos »Metropolis«, aber auch Walter Ruttmann in seiner meisterhaften Filmcollage »Berlin, Symphonie einer Großstadt« inspirieren ließen.

Überhaupt der Film: Neben der Einkaufspassage »Potsdamer Platz Arkaden«, den Hotels und dem Musical-Theater ist dieses Medium der wichtigste Anziehungspunkt für die täglich von rund 100 000 Menschen frequentierte Stadt in der Stadt. Das Imax-Kino mit seinen 3-D-Projektionen und die beiden Multiplex-Häuser Cinestar und Cinemaxx machen den übrigen Filmtheatern der Stadt mächtig Konkurrenz. Von der Stiftung Deutsche Kinemathek und dem Kino Arsenal wird das Fähnlein der Filmkunst hoch gehalten, unterstützt vom neuen Filmmuseum, in dem die Roben und all der andere Diven-Nippes aus dem Nachlass von Marlene Dietrich genauso präsentiert werden wie Anschauungsmaterial aus der Welt der Science-fiction-Phantasien. Während der »Berlinale« blicken jeweils im Februar die Cineasten der Welt auf den Potsdamer Platz und fragen sich, wer diesmal einen Goldenen Bären abstaubt.

Als einzige Erinnerung an den alten Potsdamer Platz blieb das Weinhaus Huth komplett erhalten, dazu noch einige Alleebäume, die hier die alte Reichsstraße 1 von Königsberg nach Aachen säumten. Der Philharmoniker-Dirigent Wilhelm Furtwängler, aber auch der junge Konrad Adenauer tafel-

Weltkulturerbe der UNESCO: Der Schlosspark Klein-Glienicke im äußersten Südwesten Berlins gehört schon zur Kulturlandschaft der Potsdamer Schlösser und Gärten, die man über die nahe Glienicker Brücke erreicht. Sie war der Ort spektakulärer Agenten-Austausch-Aktionen. Der 116 Hektar große Park von Klein-Glienicke rund um das Schinkel-Schloss wurde von Peter Joseph Lenné gestaltet. Besonders faszinierend ist der Uferweg entlang der Havel, über den man bis zum Fähranleger zur Pfaueninsel gelangt.

ten in den zwanziger Jahren im Weinhaus, etwas später wurde ein gewisser Alois Hitler als Kellner engagiert, ein Halbbruder des Führers.

Das schmucke Interieur des früheren Grandhotel Esplanade, in dem sich der Kaiser zu seinen Herrenabenden einfand, hat man wie nostalgische Ausstellungsstücke in die »Vitrine« namens Sony-Center integriert. Der 1300 Tonnen schwere, zwei Etagen hohe Kaisersaal wurde zu diesem Zweck in einem hochkomplizierten Verfahren »transloziert«, sprich: hydraulisch um 60 Meter von seinem ursprünglichen Standort verschoben. Ein anderes Verfahren wählte man für den Frühstückssaal. Er wurde in 500 Teile zerlegt, zwischengelagert und dann wieder neu zusammengepuzzelt. Selbst jene Örtlichkeit, die auch ein Kaiser zu Fuß aufsucht, wurde vom alten Esplanade gerettet. Eine Lokalzeitung adelte sie in einem Artikel als schönste Herren-Toilette Berlins.

Neu gegründet wurde in diesem Umfeld der legendäre Tortentempel Josty, einst Treffpunkt der kulturellen Elite der Reichshauptstadt. Der Maler Adolph von Menzel hielt hier sein Kaffeehaus-Nickerchen, Fontane ging genauso ein und aus wie später der Literatenkreis um Else Lasker-Schüler, die aus dem mondänen Café des Westens vertrieben wurde, weil sie dort nicht genug verzehrte. Dass sich das Josty nun mit den fremden Federn des Esplanade schmückt, wird wohl keinen ernstlich stören, der hier einkehrt.

Das Flair von damals kann der neue Potsdamer Platz von Renzo Piano, Heinz Kollhoff, Helmut Jahn und Co. mit seinen zugig-engen Straßen und dem bei jedem Licht anders wirkenden Architektur-Schauspiel trotz alledem nicht vermitteln. Andererseits hat er sich längst als lebendiger Treffpunkt behauptet. Die gigantischen Investitionen werden sich bezahlt machen. Allein Debis verbaute vier Milliarden Mark, Sony ließ 1,5 Milliarden springen, gefolgt vom Metro-Gründer Otto Beisheim, der bis

2003 auf dem angrenzenden Lenné-Dreieck weitere 900 Millionen Mark für seinen Mix aus exklusiven Wohnungen, Hotels und Büros auf den märkischen Sand setzen will. Sein Projekt soll wie eine auf Berliner Verhältnisse geschrumpfte Kopie des New Yorker Rockefeller Centers aussehen. Im gleichen Zeitraum realisiert die GSP-Gruppe (Gesellschaft für Städtebau und Projektentwicklung) für 280 Millionen nahe am U-Bahnhof Mendelssohn-Bartholdy-Park den letzten Teil der Potsdamer-Platz-Bebauung.

MILLIARDEN-MONOPOLY IN DER BOOMTOWN BERLIN

Damit aber noch nicht genug in Boomtown-Berlin. Am Leipziger Platz gleich nebenan geht das Milliarden-Monopoly weiter. Bislang wurde auf diesem Brachland nur der Neubau des Mosse Palais realisiert. Bis 2004 soll dieses um elf weitere Gebäude zu einem kleinteiligeren, maximal 36 Meter hohen Stadtquartier ergänzt werden. Hier gilt wieder das Traufhöhen-Diktat des mächtigen Senatsbaudirektors Hans Stimmann. Das »Ballett der Kräne«, das sich in Berlin seit mehr als zehn Jahren dreht und sogar einmal von Daniel Barenboim, dem genialen Kopf der Staatsoper Unter den Linden, dirigiert wurde, hat also längst noch nicht ausgedient.

Der touristische »Hype« um Berlin-Mitte im Allgemeinen und den Potsdamer Platz im Besonderen hat zu neuen Rekordzahlen bei der Hotellerie geführt: Im Jahr 2000 zählten die Statistiker mehr als 11 Millionen Übernachtungen in den 65 000 Berliner Hotelbetten, deren Zahl stetig steigt und in Kürze New York überflügeln soll. Auch in die Luxuskategorie wird kräftig investiert. Aus dem Haus Cumberland am Kurfürstendamm etwa soll ein »Adlon des Westens« werden. Und nach dem »Estrel« in Neukölln, mit seinen 1200 Zimmern die größte Bettenburg Deutschlands, überlegt man nun, diesen Rekord unweit des neuen Spandauer Bahnhofs zu brechen: mit 1400 Zimmern, einer Seebühne in einer künstlich angelegten Havelbucht und gleich mehreren Großrestaurants, gruppiert um einen 130 Meter hohen Hotelturm. So wie dieses Haus ist allerdings auch die geplante Wolkenkratzer-Bebauung des Alexanderplatzes noch reine Zukunftsmusik.

Durch die allgemeine Aufbruchstimmung in Berlin-Mitte fühlen sich die alteingesessenen West-Berliner etwas vernachlässigt. Der Kurfürstendamm verkomme trotz der Neubauten am Kranzler- und Kudamm-Eck zum Vorort-Boulevard, argwöhnen manche. Die Geschäftsinhaber weisen andererseits darauf hin, dass die größten Umsätze nach wie vor hier und nicht am Potsdamer Platz oder in der Friedrichstraße erzielt würden. In der Deutschen Oper an der Bismarckstraße registriert man voller Neid, dass die Staatsoper in Mitte besser subventioniert wird, und in der Schaubühne am Lehniner Platz tut sich das junge Team um den Regisseur Thomas Ostermeier und die Choreographin Sasha Waltz schwer, dem Kulturangebot im weiter östlich gelegenen Zentrum etwas entgegenzusetzen. Das 1993 als Staatsbühne in Charlottenburg geschlossene Schiller-Theater, in dem Größen wie Heinrich George, Bernhard Minetti oder Samuel Beckett für Aufsehen sorgten, ist als Mahnmal der Stagnation symptomatisch für vieles im alten Westen. So wie Kreuzberg längst nicht mehr mithalten kann mit der Aufbruchstimmung in Prenzlauer Berg, geraten auch Charlottenburg und Wilmersdorf mehr und mehr ins Hintertreffen. Ein Anzeichen dafür mag auch der Verfall der Kaffeehaus-Kultur am Kurfürstendamm sein. Institutionen wie das Möhring sind verschwunden, und der traurige Rest vom Kranzler spottet jeder Beschreibung. Anzeichen für eine Trendwende gibt es natürlich auch: Das lange Zeit verwaiste Theater der Freien Volksbühne wurde zum Domizil der Berliner Festspiele umgewandelt, und das Gefühl vom schöner Wohnen am Lietzen- oder Schlachtensee wird nach wie vor gerne ausgelebt – und entsprechend teuer bezahlt.

TYPENPANORAMA IN U- UND S-BAHN

Und wie begegnen einem die Berliner selbst? Gerhart (mit t!) Hauptmann behauptete, die Berlinerin sei »das lebendigste, lustigste, liebenswürdigste, klügste, treueste, pikanteste, edelste, verständnisvollste und reizendste Geschöpf der ganzen Erde«. Das genaue Gegenteil schrieb mehr als ein Jahrhundert später die Publizistin Elke Heidenreich. Der Berliner, »nicht der mit Marmelade drin, sondern der mit der angeblichen Schnauze, die dich anbellt, was immer du auch fragst«, sei das »Allerschlimmste«, was

Showtime im Sage-Club: Jeweils zu wechselnden Themen werden Partyreihen veranstaltet. Mal wird in Kostümen, Dekorationen und Performances die Welt des Rokoko präsentiert, mal ist es der Wilde Westen oder ein erotisches Sexyland.

einem begegnen könne. Die Wahrheit liegt, wie immer, exakt in der Mitte. Am Besten betreibt man selbst Feldforschung vor Ort. Zum Beispiel in der U- oder S-Bahn. Dort begegnet einem das ganze skurrile Typenpanorama der Hauptstadt, und zwar ganz so, wie es uns der Grips-Theater-Chef Volker Ludwig in der »Linie 1«, dem besten aller Berlin-Musicals, vorgestellt hat: Von den unverwüstlichen »Wilmersdorfer Witwen« bis zu den kaputten Typen sind alle vertreten. U- und S-Bahn bieten ein atemberaubendes Kontrastprogramm für jeden Soziologen. Ganz nebenbei kann man per Bus und Bahn auch noch fast jeden Winkel der 890 Quadratkilometer großen Stadt erkunden. »Voll abgefahren« finden dies die Werbestrategen der BVG. Ihr jüngster Coup ist eine von Design-Studenten entworfene Kollektion von Dessous, benannt nach den einzelnen Bahnhöfen. Besonders gefragt bei den Damen ist der BH »Schöneberg« und der Slip »Gleisdreieck«. Fast genauso hohe Verkaufszahlen erzielt der Liebestöter »Jungfernheide«. Bei den Herren sind »Rohrdamm« und »Krumme Lanke« die Renner. Der Hersteller kommt kaum hinterher mit der Produktion. Kein Wunder, war es doch schon immer etwas Besonderes, Berlin hautnah und gefühlsecht zu erleben.

Seite 24/25:
Barockes Preußen: Zunächst als Lustschloss der brandenburgischen Kurfürsten geplant, entwickelte sich das im Wesentlichen von Johann Eosander Göthe und Georg Wenzeslaus von Knobelsdorff gestaltete Charlottenburger Schloss zum absolutistischen Repräsentationsbau. In voller Länge erstreckt sich die Gebäudeflucht über einen halben Kilometer.

MIT DER 100 VON DER CITY WEST ZUR CITY

Nightlife auf dem Pariser Platz: Regelmäßig im Sommer treffen sich die Rollerskater zur »Blade Night« quer durch die Innenstadt. Das Nachsehen haben die Autofahrer, die dann weite Umwege in Kauf nehmen müssen.

Die preiswerteste Einstiegsdroge für Berlin offeriert der Trip mit der Bus-Linie 100 vom Bahnhof Zoo zum Alexanderplatz. In 30 Minuten verbindet der Große Gelbe die City West mit der City Ost und passiert dabei die wichtigsten Highlights. Mit etwas Glück erwischt man sogar einen jener Kapitäne der Berliner Verkehrsbetriebe (BVG), die das Szenario rechts und links der Strecke kommentieren. Klar, dass die Logenplätze im Oberdeck meist schnell besetzt sind. Sollte das der Fall sein, kann man aber getrost an einer interessanten Station aussteigen und sich in den Details per pedes ergehen – beispielsweise als Zaungast am Schloss Bellevue, wenn ein Staatsbesuch am Amtssitz des Bundespräsidenten vorfährt. Eine Station davor lädt die Siegessäule zum Trimm-Dich. Wer sich die 285 Stufen des martialischen Denkmals nach oben gewendelt hat, kann sich nicht nur die seit Paul Lincke oft beschworene Berliner Luft, Luft, Luft um die Nase wehen lassen, sondern auch den Tiergarten und die Stadtlandschaft drumherum aus der Vogelperspektive genießen. Regierungsviertel, Brandenburger Tor, die Prachtstraße Unter den Linden mit so spektakulären Bauten wie Schinkels Neuer Wache, der Humboldt-Universität, dem Berliner Dom oder der von Walter Ulbricht als Prestigeobjekt in Auftrag gegebene 368 Meter hohe Fernsehturm sind im Verlauf der Tour die wichtigsten Sehenswürdigkeiten. Kurfürstendamm und das noch immer mondäne KaDeWe an der Tauentzienstraße gehören zwar nicht zum Einzugsbereich des 100ers, können aber vor Beginn der Tour vom Zoo aus erwandert werden. Das Gleiche gilt für den Hackeschen Markt nahe des Alexanderplatzes beziehungsweise den Gendarmenmarkt oder das nachgebaute Alt-Berlin des Nikolaiviertels, die zwischendurch erreicht werden können. Wegen des großen Erfolges des 100ers hat die BVG vor kurzem ihr Angebot verdoppelt: mit dem 200er, der größtenteils die gleiche Strecke bedient. Statt Schloss Bellevue und Schwangere Auster (Haus der Kulturen der Welt) klappert er allerdings das Kulturforum und den Potsdamer Platz ab und ruckelt hinterm »Alex« noch gut zwanzig Minuten weiter bis zu einem Plattenbauviertel in der Nähe des jüdischen Friedhofs von Weißensee.

OST – UND MIT DER 200 WIEDER RETOUR

Links:
Seit der Bundestag im Reichstagsgebäude über Gesetzesnovellen brütet, sind die vier Ecktürme mit Schwarz-Rot-Gold beflaggt. Das Gebäude, das für die Brüche der deutschen Geschichte in den vergangenen 100 Jahren steht, wurde Ende der neunziger Jahre von Sir Norman Foster zu einem hellen, modernen Bau umgestaltet.

Links:
Vom Rande der begehbaren Glaskuppel kann das Volk seinen Vertretern im blau bestuhlten Plenarsaal des Reichstags beim Regieren zuschauen.

Oben:
Der Spiegeltrichter innerhalb der begehbaren Reichstagskuppel lenkt Tageslicht und Frischluft in den Plenarsaal.

Seite 30/31:
Repräsentative Meile: Das Reiterstandbild des Alten Fritz blickt auf die Gebäudeflucht entlang der 1400 Meter langen und 60 Meter breiten Prachtstraße Unter den Linden. Links vorne die Humboldt-Universität vor der Kuppel des Berliner Doms, über den der Fernsehturm am Alexanderplatz hinausragt. Im Zeughaus daneben residiert das Deutsche Historische Museum, ganz rechts der Palast der Republik, an dessen Stelle möglicherweise das 1950 gesprengte Stadtschloss wiedererstehen soll, dahinter die Turmspitze des Roten Rathauses.

B DL 6289
SFA XM 827

KURT BLUNDORN

Unten:
Trinkpause unter freiem Himmel. Auf dem Mittelstreifen der Prachtstraße Unter den Linden wird man mit Getränken und Speisen bestens bedient.

Rechts oben:
Auch vor dem Opernpalais lohnt sich eine entspannende Kaffeepause.

Rechts Mitte:
Die russische Botschaft wurde 1840/1841 im Auftrag von Nikolaus I. für die Gesandten des Zarenreichs umgebaut.

Nach 1945 war die Botschaft das erste Gebäude, das Unter den Linden wieder rekonstruiert wurde.

Rechts unten:
Am Pariser Platz, früher der »Salon« der Hauptstadt, im Zweiten Weltkrieg zerstört, wurde 1997 das Hotel Adlon neu errichtet.

Ab durch die Mitte, das wollen die meisten. Kein Wunder, war doch die Mitteldurchfahrt des Brandenburger Tors früher der Kalesche des Kaisers vorbehalten. Heute feiern ganze Omnibusgesellschaften den magischen Moment, wenn sie den historischen Ort passieren. Unter den Wahrzeichen der Stadt ist der 1791 nach Plänen von Carl Gotthard Langhans errichtete erste klassizistische Bau Berlins das prominenteste. Die Propyläen der Akropolis standen Pate, doch weil in Berlin nicht genügend Geld für Marmor vorhanden war, ließ Langhans den Säulenbau mit weißer Kalkfarbe anstreichen. Die strahlende Pracht hielt allerdings nur 13 Jahre. 1804 rückte abermals eine Malerkolonne an und gab dem Tor einen bräunlichen Ton, worüber sich der Schriftsteller Julius von Joß heftig mokierte: Die »idealisch« leuchtende Farbe sei durch ein »ekelhaftes Caffé au Lait besudelt worden«, schimpfte er. Mit Erfolg, der Anstrich wurde wieder abgekratzt. Im Laufe der Geschichte wurden nach den Untersuchungen der Denkmalpfleger noch sieben weitere Farbschichten nachgewiesen, mal in bräunlichem Ton, mal in Ocker. In nacktem, grauem Sandstein präsentiert sich das Tor erst seit 1956. Doch genau dieser Farbeindruck hat sich so tief ins kollektive Gedächtnis geprägt, dass bei der Restaurierung 2000/2001 die Experten heftig aneinander gerieten, ob alles so bleiben soll, wie es in der jüngsten Vergangenheit war, oder ob man zurück will zum klassizistischen Weiß. Schließlich hat sich die Grau-Fraktion durchgesetzt.

DIE AKADEMIE AUF DEM PARISER PLATZ

Der Streit der Denkmalpfleger kommt nicht von ungefähr. Ähnliche Debatten wurden auch bei den historisierenden Neubauten der Häuser Liebermann und Sommer sowie bei der repräsentativen Kopie des Hotel Adlon geführt. Es galt das Traufhöhen-Diktat und die Forderung nach steinernen Fassaden, der sich als einziger Günter Behnisch widersetzte. Der Architekt des Akademie-Neubaus am Pariser Platz konnte Dank der Schützenhilfe des Akademie-Ehrenpräsidenten Walter Jens eine Glasfassade durchsetzen. Sie soll die Transparenz und Offenheit jenes Gebäudes symbolisieren, in dem einst Albert Speer seine Modelle der gigantomanischen »Reichshauptstadt Germania« ausstellte und später die DDR-Volksarmee eine »Grenzverletzerzelle« einrichtete. Bevor die Nationalsozialisten einzogen, musste Max Liebermann seinen Posten als Akademie-Präsident räumen und sich in sein Haus nördlich des Brandenburger Tors zurückziehen. Die Machtergreifung der Nazis kommentierte der greise jüdische Maler in berlinischer Schnoddrigkeit mit den Worten, man könne gar nicht so viel fressen, wie man kotzen möchte.

SYMBOL DER DEUTSCHEN TEILUNG

Von 1961 bis 1989 war das von der Mauer gen Westen abgeriegelte Brandenburger Tor das Symbol der deutschen Teilung. Weder West- noch Ost-Berliner durften das allein den Grenztruppen vorbehaltene Sperrgebiet des Pariser Platzes betreten. Legendär ist der 1987 vor dem vermauerten Bauwerk gesprochene Appell des früheren US-Präsidenten Ronald Reagan an seinen sowjetischen Amtskollegen: »Mr. Gorbachov, tear down this wall. Open this gate.« Zwei Jahre später war es so weit. Welthistorische Augenblicke wie diesen hat es viele am Pariser Platz gege-

Ganz links:
Sehen und gesehen werden vor dem Brandenburger Tor in den dreißiger Jahren. Zum noblen Ambiente gehörten auch damals schon ebenso noble Karossen.

Links oben:
Das Brandenburger Tor wurde auch schon auf frühen Stichen, hier auf einem Stich von 1844, als Wahrzeichen Berlins dargestellt.

DAS BRANDENBURGER TOR

ben. Könige und Kaiser, Präsidenten und Exzellenzen sind schon zuhauf durchs Brandenburger Tor geschritten. Ein Händedruck vor seiner Kulisse gehört heute zum obligatorischen Bild bei fast jedem Staatsbesuch. Zugleich ist das Bauwerk aber auch bei der Werbebranche ein Objekt der Begierde. Wo das Brandenburger Tor drauf ist, ist Qualität drin, wird uns suggeriert.

Im mondänen Hotel Adlon am Pariser Platz sind die Suiten mit Blick auf das Berliner Wahrzeichen die teuersten. 1997 wurde das kurz nach dem Krieg abgebrannte Luxushotel wieder eröffnet.

Dabei sind die PR-Profis mit ihren Slogans gar nicht so up to date, wie sie glauben. Schon Napoleon wusste den genius loci zu nutzen, um seinen Ruhm zu mehren. 1806 zog er im Triumphzug durchs Brandenburger Tor. Gottfried Schadows obendrauf platzierte Quadriga nahm der Kaiser aller Franzosen als Trophäe mit nach Paris. Dort leisteten die vier Berliner Rösser den in Venedig requirierten Pferden von San Marco Gesellschaft – allerdings nur für acht Jahre, denn 1814 holte Blücher die Beutekunst zurück an die Spree. So erklärt sich der Name Retourkutsche. Seit 1958 ziert eine Kopie das Bauwerk. Vom Original blieb nach dem Endkampf um Berlin nur ein Pferdekopf übrig; er gehört heute zur Sammlung des Märkischen Museums.

Oben:
Das Brandenburger Tor gehört zum Pflichtprogramm eines Berlinbesuchs. Nach dem Vorbild der Propyläen in Athen wurde das Symbol der Wiedervereinigung 1788 – 1791 errichtet.

Rechts oben:
Die große Silvesterparty am symbolträchtigen Brandenburger Tor ist ein Berlin-Erlebnis besonderer Art.

Rechts:
Josef Paul Kleihues hat das Haus Liebermann (rechts) – der impressionistische Maler Max Liebermann wohnte 1894 bis 1935 dort – und das Haus Sommer erneut neben das Tor gebaut.

Rechts:
Heutzutage dient der klassizistische Bau der Neuen Wache als Mahn- und Gedenkstätte der Bundesrepublik. Im Innern findet sich eine Replik der Pietá von Käthe Kollwitz »Trauernde Mutter mit totem Sohn«.

Unten:
Die Neue Wache wurde 1816 – 1818 von Karl Friedrich Schinkel als Königliche Wache Unter den Linden errichtet. Zu DDR-Zeiten paradierte hier die NVA nach preußischem Drill im Stechschritt.

Oben:
In der Deutschen Staatsoper Unter den Linden gibt Maestro Daniel Barenboim den Ton an. Das Haus ist Bestandteil des Forum Fridericianum.

Links:
Alle Plätze in der Deutschen Staatsoper sind ausverkauft, wenn Harry Kupfers Inszenierung von Wagners »Ring«-Zyklus gezeigt wird, hier eine Szene aus dem »Rheingold«.

Unten:
Der schönste Platz Berlins zur Weihnachtszeit: In Schinkels Schauspielhaus am Gendarmenmarkt residierte einst das Preußische Staatstheater. Heute dient der Bau als Konzerthaus. Im Hintergrund ragt der Deutsche Dom auf.

Rechts:
Beten unterm Reichsadler: Der 1905 fertiggestellte Berliner Dom war die Hauptkirche der Hohenzollern. Zahlreiche Mitglieder des preußischen Herrschergeschlechts wurden in der Gruft des monumentalen Kirchenbaus beigesetzt. Die Figuren von Schinkels Schlossbrücke wirken angesichts des 365 Meter hohen Fernsehturms fast unbedeutend klein.

Oben:
Bummeln und sich mit einem Glühwein wärmen kann man zur Winterszeit unter anderem auf dem Weihnachtsmarkt am Opernpalais.

Rechte Seite:
Jetzt strahlt sie wieder frisch vergoldet: die Synagoge an der Oranienburger Straße. Ein mutiger Wachmann verhinderte während der so genannten Reichskristallnacht 1938 das Schlimmste. Eingeweiht wurde das Gotteshaus 1866.

Unten:
Festlich beleuchtet ist das Innere des Schauspielhauses (Konzerthaus). Bei der Rekonstruktion des Innenraums wurde versucht, Schinkels Klassizismus nachzuempfinden. Hier findet gerade eine Probe der Staatskapelle unter der Leitung von Daniel Barenboim statt.

Rechts:
Nach diversen Umbauten und der Neuordnung der Berliner Museen soll die Alte Nationalgalerie auf der Museumsinsel der Malerei und Plastik des 19. Jahrhunderts gewidmet werden.

Ganz rechts:
Vor der Säulenfront des Alten Museums, einem der schönsten Museumsbauten des 19. Jahrhunderts, kämpft eine Amazone mit einem Panther.

Unten:
Spree-Athen wird Berlin nicht nur wegen seines geistigen Fluidums genannt, sondern auch wegen seiner zahlreichen mit Säulen geschmückten Bauten, wie zum Beispiel dem Kronprinzenpalais Unter den Linden.

Rechts unten:
Das 1830 eröffnete Alte Museum am Lustgarten entstand als erster Bau auf der Museumsinsel. 1824 – 1829 errichtete Friedrich Schinkel das Gebäude, in dem seit 1998 die Antikensammlung aus dem Stülerbau in Charlottenburg untergebracht ist.

TATIS OMNIGENAE ET ARTIVM LIBERALIVM MVSEVM CONSTITVIT MD
nationalgalerie
jahrhundertausstellung
das xx. jahrhundert
die gewalt der kunst
4.9.1999–9.1.2000

Unten:
Impressionen aus der Friedrichstraße: Der amerikanische Soldat des Künstlers Frank Thiel markiert den einstigen Grenzübergang Checkpoint Charlie.

Rechts oben:
Eher für die Gäste mit goldener Kreditkarte wurde noch zu DDR-Zeiten der Hotelneubau des Westin-Grand-Hotel Ecke Friedrichstraße/Unter den Linden als kapitalistische Insel im Osten gebaut.

Rechts Mitte:
In der Friedrichstraße bietet der Konsumtempel Quartier 206 die Möglichkeit Luxusartikel zu erwerben oder auch nur zu betrachten.

Rechts unten:
In der Dependance des Pariser Kaufhauses Galéries Lafayette kann man nobel einkaufen und die Innenarchitektur mit dem Glastrichter nach Plänen von Jean Nouvel bestaunen.

Linke Seite oben und unten:
So wie hier in der Sophien- beziehungsweise Gipsstraße hat sich in zahlreichen renovierten Hinterhöfen ehemaliger Wohn- und Industriebauten aus der Gründerzeit reges Kneipen- und Kulturleben etabliert.

Unten:
Wichtige Adressen für Tresen-Trotter und Bar-Flyer am Hackeschen Markt: die atmosphärische Tankstelle »Coffee Mamas«, wo auch frisch gerösteter Kaffee gekauft werden kann.

Oben:
Nicht nur bei Nacht gibt es in Berlin eine Kneipenszene. Bei der »Aktionsgalerie« an der Ecke Oranienburger Straße genießt man auf Bierbänken die Sonne.

Oben:
Begehrte Sitzplätze zum Sehen und Gesehen werden vor einer Filiale des »In«-Cafés Einstein.

Seite 48/49:
Einst der größte zusammenhängende Wohn- und Arbeitskomplex in Europa: die frisch renovierten Hackeschen Höfe am Hackeschen Markt. In den acht zusammenhängenden, 1908 nach den Plänen von August Endell gebauten Höfen haben sich Restaurants, Galerien, aber auch das Hackesche Hoftheater und das Varieté Chamäleon etabliert.

FILMTHEATER
Aufgang
RICARD

Oben:
Entertainment pur: Im Friedrichstadtpalast kann ein großes Bassin per Hydraulik aus der Versenkung geholt werden – fürs Wasserballett.

Rechts:
Die langbeinige Girlparade im Friedrichstadtpalast. Ihr Auftritt zählt zu den Höhepunkten der aufwändigen Revuen und vereint die so gegensätzlich anmutenden Sphären von preußischem Drill und Sexappeal.

Links:
Tradition und Provokation: In der Volksbühne am Rosa-Luxemburg-Platz leitet Intendant Frank Castorf die zurzeit meistdiskutierte Bühne Deutschlands.

Unten:
Das durch Bertolt Brecht weltbekannt gewordene Berliner Ensemble mit einer Skulptur des Stückeschreibers von Fritz Cremer im Vordergrund. Heute wird das Haus von Claus Peymann geleitet.

Unten:
Einladende Atmosphäre: Die Lichter des Nikolaiviertels spiegeln sich in der dunklen Spree. Das nostalgische Bild täuscht, da es sich fast ausschließlich um Neubauten handelt. Lediglich die Nikolaikirche mit ihrer rekonstruierten Doppelspitze steht noch am authentischen Ort.

Rechte Seite:
Wem die Stunde schlägt: Die Weltzeituhr am Alexanderplatz zeigt an, in welchen Erdteilen die Menschen gerade frühstücken, zu Mittag essen oder sich auf die Nacht vorbereiten. Fast rund um die Uhr übrigens lohnt eine Fahrt auf den Fernsehturm. In der Kugel ist ein Drehrestaurant und eine Aussichtsetage untergebracht.

CHABAROWSK
MAGADAN
SACHALIN
15
16
SYDNEY
CANBERRA
MELBOURNE
WELLINGTON

Rechts:
Die Nikolaikirche ist der älteste Berliner Sakralbau; einzelne Teile lassen sich auf das Jahr 1230 datieren, die gotische Backsteinhalle stammt von zirka 1470. Die Kirche bildet den Mittelpunkt des Nikolaiviertels.

Unten:
Die Fassade des heute vom Stadtmuseum genutzten Ephraimpalais ist im Original erhalten. In dem Rokokobau wohnte einst Veitel Ephraim, der Münzpächter des Alten Fritz.

Rechts:
Enge Gassen, kleine Geschäfte und Restaurants prägen das zwischen 1981 und 1987 entstandene Nikolaiviertel, das an den ältesten Siedlungskern der 1237 erstmals urkundlich erwähnten Doppelstadt Berlin-Cölln erinnert.

Kleine Bilder links: *Gassen, Sträßchen und kleine Geschäfte prägen das gemütlich verwinkelte Nikolaiviertel.*

6000 JAHRE

Wenn von der Stiftung Preußischer Kulturbesitz geredet wird, häufen sich die Superlative: Klaus-Dieter Lehmann, der Stiftungspräsident, schwärmt von den »mehr als 6000 Jahren Menschheitsgeschichte«, die sich in 17 Museen, der Staatsbibliothek, dem Geheimen Staatsarchiv und einer Reihe von Forschungseinrichtungen zu einem »Kosmos der Kultur« vereinen. Das Herzstück bildet die von 1830 bis 1930 gebaute Museumsinsel, die mit ihren fünf Häusern seit kurzem auf der Liste des Weltkulturerbes der Unesco steht und bis 2010 nach einem »Masterplan« für rund zwei Milliarden Mark saniert werden soll – nicht alles auf einmal, sondern so, dass immer mindestens zwei Museen für Besucher zugänglich bleiben. Ein gewaltiger Kraftakt. Sogar pures Gold wird dafür investiert, denn ein Teil des Nettogewinns aus dem goldenen Markstück, das 2001 zur Verabschiedung der alten Währung geprägt wird, dient den von internationalen Architekten betreuten Sanierungsarbeiten. Allein ins Pergamonmuseum strömen Jahr für Jahr mehr als 600 000 Besucher, um den Pergamonaltar (180 bis 169 vor Christus), das Markttor von Milet (um 130 nach Christus) oder das zur Zeit von Nebukadnezar II. um 550 vor Christus in Babylon erbaute Ischtartor mit der dazugehörigen Prozessionsstraße zu besichtigen.

Noch wartet Nofretete, die schönste Berlinerin, auf den Umzug des Ägyptischen Museums in Charlottenburg zur Museumsinsel. Die bemalte Kalksandsteinbüste stammt von zirka 1350 v. Chr.

NOFRETETE KEHRT AUF DIE INSEL ZURÜCK

Mit der jetzigen Sanierung des größten deutschen Museumskomplexes geht eine groß angelegte Neuordnung der Sammlungen einher. Die schönste Berlinerin, bekannt unter dem Namen Nofretete, sitzt in Charlottenburg schon auf gepackten Koffern, um

Oben: *Hauptattraktion auf der Museumsinsel ist der Zeus und Athene gewidmete Pergamonaltar aus dem kleinasiatischen Pergamon (heute Bergama in der Türkei). Der Altar wurde 1902 nach Berlin gebracht.*

Rechts oben: *Ein Teil der babylonischen Prozessionsstraße aus der Zeit Nebukadnezars II. (603 – 552 v. Chr.) ist im Vorderasiatischen Museum zu sehen, das im Pergamonmuseum untergebracht ist.*

KULTURGESCHICHTE AUF EINER INSEL

Rechts Mitte:
Der Haupteingang des Pergamonmuseums. Im Zuge der Renovierungsarbeiten und baulichen Ergänzungen soll der Vorplatz mit einem gläsernen Vorbau neu gestaltet werden.

Rechts unten:
Romantik in Reinkultur: Caspar David Friedrichs Gemälde »Zwei Männer in Betrachtung des Mondes« gehört zu den bedeutendsten Schätzen der Stiftung Preußischer Kulturbesitz.

zu ihren ägyptischen Verwandten auf die Insel zurückzukehren. Caspar David Friedrich war schneller. Zusammen mit seinen Zeitgenossen hat er dem Schloss Charlottenburg bereits den Rücken gekehrt und sich die renovierte Alte Nationalgalerie als adäquates Domizil ausgesucht. Zum Ausgleich bekommt Charlottenburg ein »Centrum für Photographie«, das vis-à-vis von Heinz Berggruens Picasso-Sammlung untergebracht werden soll. Laut Stiftungspräsident Lehmann ist die Nutzung der einzelnen Häuser auf der Museumsinsel klar definiert: Das 1830 von Karl Friedrich Schinkel erbaute Alte Museum soll »als Bildungstempel« weitgehend der Antike vorbehalten sein; das Neue Museum, derzeit noch Ruine, wird künftig die Ägyptischen Sammlungen sowie das Museum für Vor- und Frühgeschichte beherbergen; das Bodemuseum am »Bug« der Museumsinsel wird zum Hort für Werke des frühen Christentums, aus Byzanz und der Skulpturen-Sammlung; das Pergamonmuseum bleibt auch nach der Sanierung der Großarchitektur des Altertums vorbehalten; und in der Alten Nationalgalerie treffen die Romantiker auf die anderen Künstler des 19. Jahrhunderts. Nach diesem Konzept wird zusammengeführt, was ursprünglich zusammen gehörte. Während des Zweiten Weltkrieges wurden die wichtigsten Schätze mehr oder weniger zufällig in Bunker und Bergwerksstollen ausgelagert, um sie vor dem Bombenhagel zu schützen. Vieles wurde zunächst von den Siegermächten requiriert, kam aber größtenteils wieder zurück – entweder nach Ost- oder nach West-Berlin. Trotzdem ist die Liste der »Beutekunst« noch immer lang. Erst 1994 wurde bekannt, dass der von Heinrich Schliemann in Troja ausgegrabene sogenannte »Schatz des Priamos« im Moskauer Puschkin-Museum versteckt wurde. Über die Rückgabe wird seit langem verhandelt, bislang ohne Ergebnis.

KUNST NACH FAHRPLAN

Mit der Neuordnung der Sammlungen erfährt auch das einst als Ersatz für die Museumsinsel in West-Berlin errichtete Kulturforum zwischen Hans Scharouns Philharmonie und Mies van der Rohes Neuer Nationalgalerie eine Neudefinition: als Ausstellungszentrum der klassischen Moderne, untrennbar verbunden mit dem Museum der Gegenwart im restaurierten Hamburger Bahnhof, dessen Kultur-Fahrplan von Künstlern wie Anselm Kiefer oder Joseph Beuys bestimmt ist.

Ein weiterer wichtiger Standort der Staatlichen Museen Preußischer Kulturbesitz ist Dahlem mit den völkerkundlichen Sammlungen aus Ostasien, Indien und Amerika, dem ethnologischen Museum und dem Museum der europäischen Kulturen. Sollte das Stadtschloss wieder aufgebaut beziehungsweise durch einen adäquaten Neubau ersetzt werden, dürften die Dahlemer Häuser zur Disposition gestellt werden. Denn nicht wenige wünschen sich, dass diese Schätze in der ehemaligen Residenz präsentiert werden.

Konkurrenz bekommt der Kultur-Dinosaurier namens Stiftung Preußischer Kulturbesitz noch von rund 150 weiteren Museen. Zu ihnen gehören die Saurier-Skelette (im Naturkundemuseum) genauso wie Konrad Zuses erster Computer (im Museum für Verkehr und Technik), das Bröhan-Museum mit seiner Jugendstil-Sammlung oder kleine und kleinste Einrichtungen wie das Anti-Kriegs-Museum, die Forschungs- und Gedenkstätte Normannenstraße (in der früheren Stasi-Zentrale) oder die medizinhistorische Sammlung der Humboldt-Universität mit ihren konservierten Embryonen.

BODE MUSEUM

Linke Seite:
Hier schaltet und waltet der Regierende Bürgermeister von Berlin: das Rote Rathaus, benannt nach seiner Farbe, nicht nach seiner (vorübergehenden) sozialistischen Vergangenheit. Davor steht der Neptunbrunnen von Reinhold Begas, der ursprünglich seinen Standort zwischen Marstall und Stadtschloss hatte.

Seite 58/59:
Wie ein Bug wirkt das Bodemuseum der Museumsinsel, benannt nach Wilhelm von Bode (1845 – 1929), der als Generaldirektor der Berliner Museen maßgebliche Bedeutung für den Aufbau der Sammlungen hatte.

Oben:
Schatten der Vergangenheit: Marx und Engels grübeln angesichts des »Telespargel« über die Dialektik der Berliner Geschichte.

Oben:
Das Standbild des Naturforschers Alexander von Humboldt hat seinen Platz logischerweise vor der Humboldt-Universität. Sein (hier nicht sichtbarer) Bruder Wilhelm wacht ein paar Meter entfernt über die Geisteswissenschaften.

IMA
POTSDAMER
SATUR
CDonald's
AFRIKA

DISCOVERY
GIACOMELLI SPORT

CineStar

Seite 62/63:
Die flachen Stufen auf dem zum Potsdamer-Platz-Areal gehörenden Marlene-Dietrich-Platz sind gefährliche Stolperfallen – hinter dem Rundturm verbirgt sich das Imax-Kino mit seinen 3-D-Projektionen.

Seite 64:
Wie ein riesiger Regenschirm spannt sich das gläserne Zeltdach über die Piazza von Helmut Jahns Sony-Center.

Links:
Messerscharf wirkt der von Renzo Piano und Christoph Kohlbecker gestaltete Glaskeil, mit dem sich die Daimler-City in den Potsdamer Platz schneidet.

Links:
Ein völlig neues Berlin-Gefühl in den Straßenschluchten am Potsdamer-Platz: Die hell beleuchteten Arkaden unter dem roten Kollhoff-Turm ziehen mit ihrem

Branchenmix wahre Besuchermassen an. Das Angebot reicht vom exklusiven Designer-Schmuck über jede Menge Restaurants bis zum Aldi-Allerlei im Untergeschoss.

Oben:
Zeitsprung in die Vergangenheit: Der Kaisersaal des einstigen Luxushotels Esplanade wurde in die Neubauten des Sony-Centers integriert. Er soll künftig für große Empfänge und exklusive Gesellschaften genutzt werden. In andere Teile des Esplanade ist das wieder erstandene Café Josty eingezogen.

Rechts:
Die künstlichen Seen am Potsdamer Platz werden aus Regenwasser gespeist und haben ökologische Funktion. Durch sie soll das Mikroklima zwischen den Häuserschluchten positiv beeinflusst werden.

Unten:
In dem Musical-Theater am Marlene-Dietrich-Platz treibt »Der Glöckner von Notre Dame« sein Unwesen.

Oben:
Während der Internationalen Filmfestspiele mutiert das Musical-Theater zum Berlinale-Palast, in dem Produzenten, Schauspieler und Regisseure auf einen Goldenen oder Silbernen Bären hoffen. Neben Cannes und Venedig ist die Berlinale das wichtigste A-Festival der Filmbranche.

Links:
Das Weinhaus Huth ist als einziger Altbau vom alten Potsdamer Platz übriggeblieben. Im Bassin die Neon-Bikes des Künstlers Robert Rauschenberg.

Linke Seite:
Eigentlich untypisch für Berlin: das Hochhaus-Ensemble am Potsdamer Platz. Aufs Kollhoff-Gebäude, das ganz vorsichtig New Yorker Art-Deco-Skyscraper zitiert, kann man sich mit dem schnellsten Aufzug Europas schießen lassen. Der Laubengang in der 24. und 25. Etage ist öffentlich zugänglich und bietet einen fantastischen Ausblick.

Links:
Vom Kollhof-Gebäude erblickt man Richtung Süden links die Arkaden, im Hintergrund das Debis-Hochhaus. Das goldene Bücherschiff von Hans Scharouns Staatsbibliothek mit dem Kulturforum (hinten rechts) wirkt angesichts der Neubauten geradezu klein.

Links:
Tagsüber ist das Dietrich's am Marlene-Dietrich-Platz Bistro und Café mit Außenplätzen in der Frühlingssonne, abends eine Cocktail-Bar.

Seite 72/73:
Die Masse macht's: Die musikalische Völkerwanderung der Love Parade erobert sich die Straße des 17. Juni. Vor der Siegessäule im Hintergrund findet die Schlusskundgebung statt.

DIE LOVE PARADE

Der Fun-Faktor wird in BPM gemessen. Je mehr beats per minute aufs Trommelfell dreschen, desto hipper ist die Love Parade. Ende der achtziger Jahre fing sie ganz überschaubar an. Auf dem Kurfürstendamm. Aber dann folgten mehr und mehr Techno-Jünger dem Lockruf von DJ Dr. Motte. Schließlich unüberschaubar viele. Der Andrang zur jeweils im Juli stattfindenden Parade ist inzwischen so groß, dass der Boulevard zwischen Charlottenburg und Wilmersdorf längst zu klein geworden ist für die Event-lüsterne Spaßgesellschaft. Rund zwei Millionen Beine zucken jetzt Jahr für Jahr über die Ost-West-Achse im Tiergarten, beschallt von 50 Sattelschleppern, die mit ihren 40 000-Watt-Anlagen um die Wette wummern. Obendrauf vollzieht sich das zuckend vorgetanzte Animationsprogramm. Einmal vom Ernst-Reuter-Platz zum Brandenburger Tor und wieder zurück zur Siegessäule geht die Tour.

LOVE, PEACE AND BROTHERHOOD

Wilde Fummel, viel nackte Haut, gestyltes Haar, grelle Schminke und schräge Accessoires gehören dazu, wenn sich jeder in der Masse Mensch durch ein möglichst ausgefallenes Outfit eine individuelle Note geben möchte. Zu fortgeschrittener Stunde ist dann Big Party rund um die Siegessäule angesagt, und anschließend haben die Clubs der Stadt Hochkonjunktur. Bis zum Mittag des folgenden Tages wird durchgetanzt. Schweißüberströmt und mitunter kurz vor dem Kreislaufkollaps. Die Stimmung schwankt bei den stets mit Trillerpfeifen ausgerüsteten Ravern zwischen Kindergeburtstag, aufgeputschtem Halligalli und Karneval von Rio.

Wenn die Heerscharen per Auto, Bus, Flieger oder in einem der mehr als 100 Sonderzüge anreisen, herrscht in Berlin der touristische Ausnahmezustand. Hotels, Pensionen und die Dachstübchen bei Bekannten und Verwandten sind überfüllt. Es wird wild campiert oder unter freiem Himmel genächtigt. Mehr als 2000 Polizisten und 800 Sanitäter fahren eine Sonderschicht, damit alles dem altbewährten Motto love, peace and brotherhood gerecht wird.

Die Naturschützer schlagen allerdings regelmäßig Alarm, weil der Tiergarten nach jeder Parade unter Müllbergen erstickt und der uringetränkte, von stampfenden Beinen verdichtete Boden der Vegetation so sehr zu schaffen macht, dass sie sich bis zur nächsten Love Parade kaum erholen kann. Trotzdem sind die meisten Berliner einer Meinung mit den Ravern: Gäbe es die Love Parade nicht, sie müsste sofort erfunden werden. Längst sind andere Städte dem Trendsetter Berlin gefolgt und veranstalten eigene Love Parades, Tel Aviv und Leeds zum Beispiel.

Während in der Nacht der Nächte die Mütter und Väter der Nation bangen, der Nachwuchs könnte dem Ecstasy-Konsum verfallen oder – womöglich noch schlimmer – schwanger nach Hause zurückkehren, frohlocken die auf Highlights spezialisierten Marketing-Strategen. Denn der Techno-Rummel ist ein Wirtschaftsfaktor erster Güte. Süßer die Kassen selten klingeln. Seid umschlungen, ihr Millionen. Sogar Gotthilf Fischer, der Herr der Chöre, hat den Trend erkannt und dirigiert sangesfreudig mit beim Massenspektakel. So friedlich wie ein Stadtfest habe er es empfunden, aber »gigantisch« sei es trotzdem gewesen, resümierte der 72-jährige Oldie nach der 2000er Parade und versprach, beim nächsten Mal wieder dabeizusein. Im Rausch der Gefühle ist der Techno-Sound nun einmal massenkompatibel. Alles geht, alles ist erlaubt, Hauptsache man amüsiert sich.

Links oben: *Alljährlich im Juli setzt sich eine Massenbewegung der besonderen Art in Gang – zur größten Party überhaupt, der Love Parade.*

Links unten: *Nicht nur open air, auch in geschlossenen Räumen steigt die Party, hier im Kesselhaus der Kulturbrauerei.*

JE VOLLER DESTO DOLLER

Auch zu Silvester heißt das Motto rund ums Brandenburger Tor: Je voller desto doller. Seit dem Jahreswechsel 1989/90 hat die Freiluftfete am Symbol der Wiedervereinigung Tradition. Damals lagen sich Ost und West Rotkäppchensekt-umrauscht in den Armen. Eine Million Menschen sollen auf den Beinen gewesen sein. Die jetzt zum guten Rutsch ins Neue Jahr aufgebauten Show-Bühnen und das am Großen Stern abgebrannte Feuerwerk ziehen ähnliche Massen an, obwohl der kommerziell ausgeschlachtete Frohsinn bei weitem nicht mehr so spontan wirkt wie im Jahr der deutschen Einheit.

Als Party- und Veranstaltungsmeile behauptet sich die Straße des 17. Juni zwischen Siegessäule und Brandenburger Tor und oft auch darüber hinaus bis Unter die Linden freilich auch beim Berlin-Marathon, der Jahr für Jahr mehr Teilnehmer zählt, oder bei der Blade-Night, wenn statt Autoreifen Rollerblades über den Asphalt rauschen.

Am verrücktesten von allen Veranstaltungen sind und bleiben allerdings der etwas kleinere, aber exklusivere Karneval der Kulturen in Kreuzberg, wo die Anhänger des Ethno-Pop voll auf ihre Kosten kommen, und der nach amerikanischem Vorbild zelebrierte Christopher Street Day (CSD) im Juni. Die fast 500 000 Lesben und Schwulen ziehen mit ihren Wagen vom Kurfürstendamm ebenfalls zur Siegessäule, dem Symbol von Gay-Berlin. Müssten sie sich am Einfallsreichtum der Drag-Queens beim CSD messen lassen, die Revue-erprobten Kostümschneider des Friedrichstadtpalastes sähen ganz schön alt aus.

Oben:
Eine Szene feiert sich auf der Love Parade selbst. Was 1990 mit 500 Leutchen anfing, hat sich inzwischen zu einer Millionenbewegung entwickelt.

Rechts oben:
Kraft ist gefordert, wenn man sich beim Berlin-Marathon mit Tausenden anderer Läufer auf die Piste begibt.

Rechts unten:
Im Juni findet der Christopher Street Day statt – jeder soll nach seiner Façon selig werden in Berlin.

Unten:
Der Tiergarten, einst kurfürstliches Wildgehege westlich der Residenzstadt, wurde um 1835 von Peter Joseph Lenné als Volkspark gestaltet. Die im Zweiten Weltkrieg verwüstete Innenstadt-Oase wurde von den Berlinern nach 1945 fast komplett abgeholzt – wegen Brennstoffmangels. 1949 begann man damit, den Park wieder neu anzulegen.

Rechts:
Mitten durch den Tiergarten fließt der Landwehrkanal, der von Ausflugsdampfern genauso frequentiert wird wie von Ruderclubs.

Rechts:
Die grüne Oase des zum Tiergarten gehörenden Englischen Gartens grenzt direkt an das Grundstück des Schlosses Bellevue, dem Amtssitz des Bundespräsidenten.

Unten:
Theater, Film, Literatur und Ethno-Pop von allen Kontinenten werden in und vor der mitten im Tiergarten liegenden Kongresshalle präsentiert: Die 1957 entstandene »Schwangere Auster« beherbergt das »Haus der Kulturen der Welt«.

Oben:
Für den Zoo im Südwesten des Tiergartens braucht man allein mehrere Tage, um in Muße »Brehms Tierleben« ganz lebendig zu erforschen.

Links:
Während der warmen Jahreszeit verwandelt sich der Tiergarten zum Grill- und Picknick-Paradies für die Eingeborenen und Zugereisten.

HOTEL

Links oben und unten:
Der Spreebogen in Moabit: In dem vom Pizza-König Ernst Freiberger gebauten Bürotrakt hat sich der Bundesinnenminister mit seiner Verwaltung eingemietet. Aus ihren Büros können die Beamten auf in klaren Linien gestaltete Innenhöfe blicken oder beobachten, wie sich die Berliner auf der Uferpromenade verlustieren.

Oben links und rechts:
Moderne und alte Architektur: Am Rand des Tiergartens, dem traditionellen Diplomaten-Viertel ragt eine Ecke der neu errichteten skandinavischen Botschaft empor. Rechts erinnert ein prunkvolles Mietshaus in der Tiergartener Thomasiusstraße an vergangene Zeiten.

Links oben:
Die in den achtziger Jahren restaurierte Kriegsruine des Martin-Gropius-Baus steht seit neustem unter der Verantwortung des Kulturstaatsministers. Das Gebäude bietet Platz für groß inszenierte Ausstellungsprojekte.

Links Mitte und unten:
In der Philharmonie trifft sich das weltweit gefragte Berliner Philharmonische Orchester zum Heimspiel. Ange-

baut wurde der Kammermusiksaal, auch er nach Plänen von Hans Scharoun (unten). 2002 übergibt Claudio Abbado den Dirigentenstab an Sir Simon Rattle.

Unten:
Die 1968 am Kulturforum fertiggestellte Neue Nationalgalerie entstand nach Entwürfen, die Ludwig Mies van der Rohe ursprünglich für die Verwaltung des (damals noch kubanischen) Rumfabrikanten Bacardi zu Millimeterpapier brachte. Links steht eine Stahlskulptur von Alexander Calder, im Hintergrund ist die St. Matthäus-Kirche zu sehen.

Unten:
Den Vätern der Kunst- und Architektur-Avantgarde gewidmet: Im Bauhaus-Archiv von Walter Gropius werden Architektur-Skizzen genauso ausgestellt wie wegweisendes Design.

Rechts oben und unten:
Der Hamburger Bahnhof ist das älteste Bahnhofsgebäude Berlins, es entstand in den Jahren 1845 bis 1847 und beherbergt heute die Kunst der Gegenwart aus den Beständen der Nationalgalerie. Vor allem Josef Beuys wird ausgestellt, aber auch Anselm Kiefer und der 1976 entstandene Steinkreis »Berlin Circle« von Richard Long (unten).

Seite 86/87:
Blick aus der Tauentzienstraße auf die Kaiser-Wilhelm-Gedächtniskirche. Das blaue Licht verleiht dem neuen Turm von Egon Eiermann eine magische Wirkung. Ringsum braust der Verkehr während der abendlichen Rushhour.

BURGER KING
copiers

ERDMA
M·A·
ERDM

Shopping für gehobene Ansprüche: In der Fasanenstraße, die den Kurfürstendamm kreuzt, ist das Angebot besonders exklusiv – es reicht von teurem Schmuck über Mode, Kunst und Antiquitäten bis zum guten Buch im Souterrain des Literaturhauses.

Das Kontrastprogramm zu der noblen Fasanenstraße bildet mit dem Kaufhaus „Schrill" und dem Café Bleibtreu die Bleibtreustraße.

Links:
Die traditionsreichen Kurfürstendamm-Cafés der Möhring-Kette sind verschwunden, selbst das Kranzler an der Ecke Joachimstaler Straße ist nur noch ein müder Abklatsch des früheren Torten-Tempels. Trotzdem gibt es noch jede Menge Angebote. Sobald sich die ersten warmen Sonnenstrahlen zeigen, werden die Stühle auf die breiten Gehwege gestellt, zum Beispiel vor dem Marché (oben) und dem Dressler (unten).

Unten:
Seit Jahrzehnten eine der wichtigsten Anlaufstellen der Bohème: Die Paris-Bar in der Kantstraße ist Treffpunkt für Künstler und Intellektuelle. Fest zum Inventar gehört beispielsweise der Schauspieler Otto Sander, an dessen Stammplatz ein Messingschild festgeschraubt wurde.

Rechts:
Der Jazz-Club Quasimodo im Keller des Delphi-Kinos liegt wie die Paris-Bar an der Kantstraße.

Links:
Kleinkunst, Kuriositäten und Kledage: In der Bar jeder Vernunft an der Schaperstraße ist es fast immer gerammelt voll.

Unten:
Mehr Ruhe hat man bei der Auswahl im Devotionalienladen »Ave Maria« in Schöneberg.

Oben:
In der Boutique Kramberg am Kurfürstendamm kann man im gehobenen Ambiente stilvolle Klamotten aussuchen.

Unten:
Hier geht es in erster Linie um eines: ums Geld. Das Ludwig-Erhard-Haus in Charlottenburg wird wegen seiner langgestreckten, mit Rippenträgern versehenen Dachkonstruktion auch »Rüsseltier« genannt. Es beherbergt die Industrie- und Handelskammer und die Berliner Börse. Der futuristisch anmutende Innenraum ist beliebte Kulisse für Werbefilmer.

Rechts:
Es war schon immer etwas teuerer, einen guten Geschmack zu haben. Wenn man ihn sich leisten will, kann man das im traditionsreichen Kaufhaus des Westens (KaDeWe) in der Nähe des Wittenbergplatzes tun.

Rechts:
Das neue Kranzlereck von Helmut Jahn muss sich als Einkaufspassage zwischen Kurfürstendamm und Kantstraße noch behaupten. Die großen, im Durchgang verborgenen Volieren signalisieren, dass die hier ansässigen Geschäftsleute hochfliegende Träume haben.

Ka
De
We
Dior

KRANZLER
GERRY WEBER
LINDEX

Linke Seite:
Der Alte Fritz hält Wache vor dem Knobelsdorff-Flügel des Charlottenburger Schlosses. Der Architekt erhielt den Auftrag zur Erweiterung des Schlosses von Friedrich dem Großen, dem Enkel Sophie Charlottes.

Links:
Hinter den Prunkbauten des Charlottenburger Schlosses verbirgt sich eine teils barocke, teils englische Parklandschaft, über deren verschlungene Wege man in Ruhe promenieren kann.

Links:
In dem Park an der Ostseite des Charlottenburger Schlosses findet sich auch der Schinkelpavillon, entworfen von Karl Friedrich Schinkel als Sommersitz Friedrich Wilhelms III. und der Gräfin Liegnitz.

KIEZ, CLUBS UND KUNST

Die DJs sind die neuen Kultfiguren der Klub- und Offkultur-Szene. Wie hier bei »Maria am Ostbahnhof«, wo auch Live-Musik geboten wird, geht es meist erst weit nach Mitternacht so richtig los. Je schneller die Beats, desto voller ist es auf der Tanzfläche.

Heute noch in, morgen bereits out: Der Wandel vollzieht sich in immer schnellerem Rhythmus. Für die Anhänger von Dutschke, Marx und Coca-Cola waren Wilmersdorf und Charlottenburg, dort insbesondere der Savigny-Platz und die Ludwig-Kirch-Straße, dank der damals noch günstigen Miete besonders begehrt. Heute gehören die meisten der Alt-68er zum Establishment. Ihrem alten Kiez sind jedoch viele von ihnen treu geblieben. Hin und wieder kehren sie sogar noch im »Zwiebelfisch« ein, ihrer ehemaligen Szenekneipe – und sei es auch nur aus purer Nostalgie. Die junge Szene hat sich längst verkrümelt: erst nach Kreuzberg, dann nach Prenzlauer Berg, das mit seinen maroden Fassaden schon auf die oppositionellen DDR-Bohemiens eine magische Anziehungskraft ausübte, und jetzt, ganz aktuell, nach Friedrichshain rund um die Kneipenmeile der Simon-Dach-Straße. In ein paar Jahren ist es dann für Studenten und Anhänger der Off-Kultur vielleicht besonders trendy, sich in den günstigen Plattenbauten von Hellersdorf oder Marzahn einzumieten. Ganz so wie in London, New York und Paris sucht und findet jede Generation ihren eigenen Kiez. Der berlinische Begriff steht für den vertrauten Nahbereich, wo man lebt, einkaufen geht und sich wohlfühlt. In Neukölln kann genauso ein Kiez-Gefühl aufkommen wie in Wedding, rund um die aufwendig renovierten Hackeschen Höfe oder in der Tempelhofer Ufa-Fabrik mit ihrem Mix aus selbstverwaltetem Wohnen, Öko-Gewerbe und Kultur. Die Besetzer der ehemaligen Filmstudios haben aus dem Areal eine Vorzeigeeinrichtung gemacht. Ähnlich funktioniert auch die Kulturbrauerei in Prenzlauer Berg. Statt Gerstensaft schäumt jetzt die Kreativität über – Grund genug für Günter Grass, ihr in seinem Roman »Ein weites Feld« zu huldigen. Die unzähligen Clubs von »Maria am Ostbahnhof« über den legendären Techno-Schuppen »Tresor« (im maroden Tresor-Raum des ehemaligen Wertheim-Kaufhauses am Leipziger Platz) bis zum Sage-Club bieten einen Mix aus Disco, Konzertschuppen, Gogo-Dancing und ausgeflipptem Lebensgefühl. Das Klischee vom Saturday Night Fever ist kalter Kaffee dagegen.

c-base

Linke Seite:
In der Gethsemanekirche in Prenzlauer Berg formierte sich die DDR-Opposition schon lange vor der Wende. Ausgelöst wurde alles durch die christlich motivierte Friedensbewegung, die unter dem Motto »Schwerter zu Pflugscharen« antrat.

Links oben und unten:
Einen Mix von Gastronomie und Kultur bietet die Kulturbrauerei an der Knaackstraße in Prenzlauer Berg. Hier werden Performances und Theatervorstellungen ebenso geboten wie Kunstausstellungen und Lesungen – und zwar alles auf sehr viel lockerere Weise als in den hehren Kulturtempeln.

Unten und rechts:
Zwischen Mitte und Prenzlauer Berg: Die Szene findet überall ihre Nischen, auf der Oranienburger Straße (unten) genauso wie in der Konzert-Location Pfefferberg (rechts).

Rechts Mitte und ganz rechts:
Sobald ein paar Sonnenstrahlen locken, sitzen natürlich auch die Berliner und ihre Besucher am liebsten draußen.

Rechts:
Am Kollwitzplatz und seinen Seitenstraßen reihen sich jede Menge Bars und Cafés aneinander.

CIGARETTES PALL MALL
PALL MALL FAMOUS CIGARETTES

RESTAURATION
Husemannstraße
Marlboro
Marlboro
Marlboro
Marlboro
Marlboro
B NR 6064

Großes Foto unten und ganz rechts: *Lange Nächte, kurze Entfernungen: Besonders trendy ist zur Zeit der »Sage-Club« mit seinen Gogo-Tänzern (unten) und seiner blauen Bar an der Heinrich-Heine-Straße (ganz rechts).*

Rechts: *»Sternradio« bietet für Tanzwütige zur Nacht am Alexanderplatz die Techno-Alternative.*

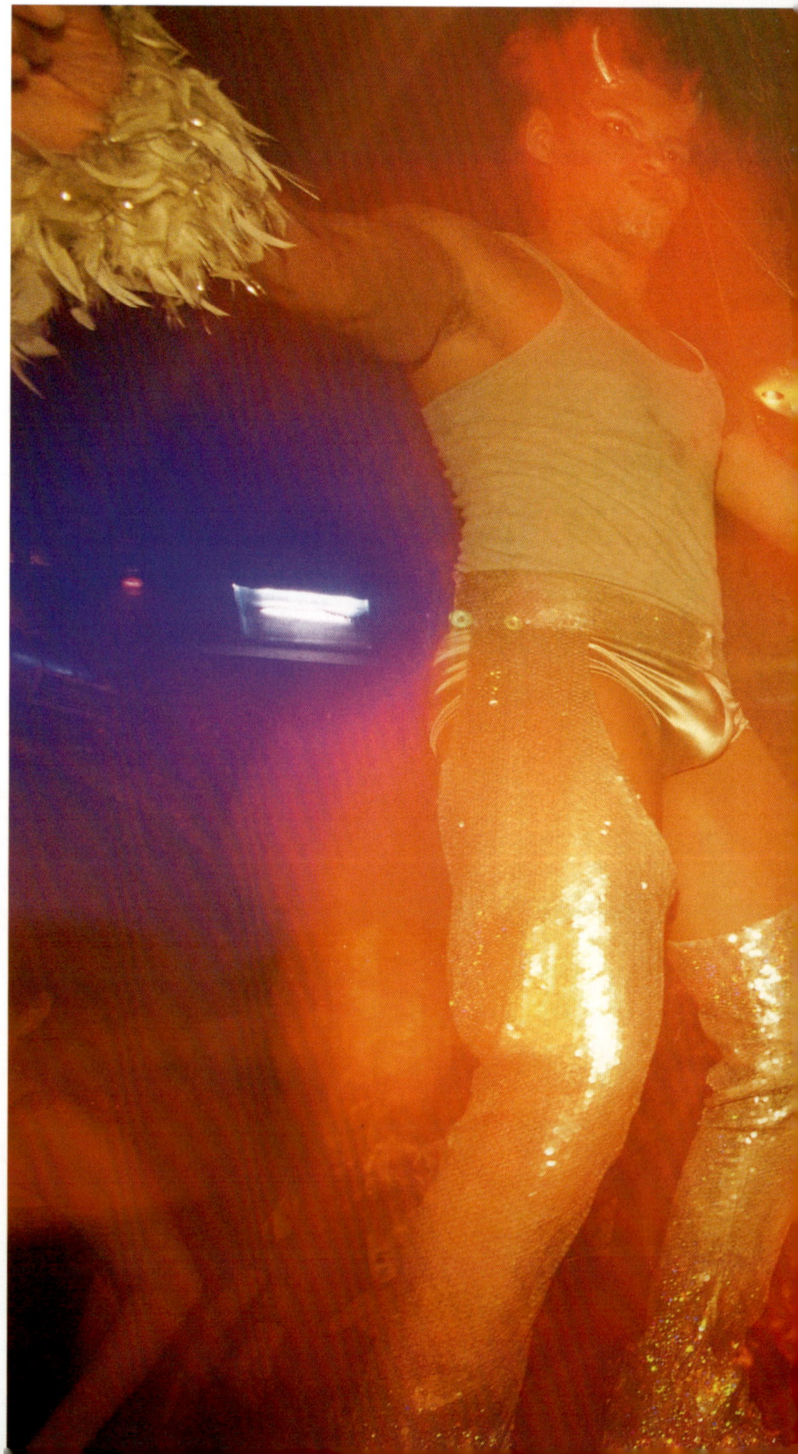

Ganz oben und oben: *»Maria am Ostbahnhof« residiert in einem ehemaligen Postamt (ganz oben), durch dessen Fenster man auf den Mauerstreifen blickt (oben).*

Unten:
Architekturkritiker aus aller Welt reisen an, um das von Daniel Libeskind an der Kreuzberger Lindenstraße gebaute Jüdische Museum zu begutachten. Der Gebäudegrundriss ist einem geborstenen Davidstern nachempfunden.

Rechts:
Auf dem von Kurt Tucholsky bedichtetem jüdischen Friedhof in Weißensee liegen viele intellektuelle und wirtschaftliche Größen der jüdischen Vergangenheit Berlins.

Links:
Eine Straßenszene nahe der Synagoge an der Oranienburger Straße zeugt von jüdischem Leben in der Gegenwart.

Unten:
Die bizarren Fensterschlitze im Jüdischen Museum symbolisieren Berliner Straßenzüge, die vom jüdischen Leben geprägt waren.

AUF SPURENSUCHE

Erst kamen die »Mauerspechte« und pickten sich mit Hammer und Meißel ein paar Souvenirs aus dem »antifaschistischen Schutzwall«, dann rückten die gewendeten Grenztruppen an und besorgten ihrem Werk binnen weniger Monate den Rest – und zwar so radikal, dass heute kaum noch etwas an das fast 155 Kilometer lange Bauwerk erinnert, das von 1961 bis 1989 West-Berlin zu einem schier uneinnehmbaren Bollwerk für die Republikflüchtlinge aus Ost-Berlin und der DDR machte. Weit mehr als 100 Menschen verloren bei Fluchtversuchen ihr Leben.

Dass heute nur noch kümmerliche Reste von der Mauer erhalten sind, ist vielen ein Dorn im Auge. Versuche, mit einer Pflasterstein-Reihe im Asphalt oder einem aufgepinselten roten Strich an die Demarkationslinie zwischen Nato und Warschauer Pakt zu erinnern, wirken angesichts der monströsen Bedeutung der Mauer ziemlich hilflos. Der von dem Schriftsteller Heinz Knobloch eigentlich auf Reminiszenzen aus dem Vorkriegs-Berlin gemünzte Appell »Misstraut den Grünflächen« hat inzwischen längst Gültigkeit für viele Stadtbrachen, auf denen einst die Grenzbefestigung stand. So manches Filetstück im einstigen Todesstreifen wurde luxuriös bebaut, insbesondere am Potsdamer Platz oder am Checkpoint Charlie, wo der einstige Alliierten- und Ausländer-Grenzübergang vom American Business Center weitgehend getilgt wurde. Woanders sind mehrspurige Straßen oder Bahntrassen als notwendiges Bindeglied wiederentstanden. Oder der bucklig gewordene Patroullienweg ist zur Jogging-Piste mutiert.

GEDENKSTÄTTE BERLINER MAUER

Gerade weil so viel von der Mauer aus dem Stadtbild getilgt wurde, hat man sich 1998 eines Besseren besonnen und in Konkurrenz zum Museum am Checkpoint Charlie an der Ecke Bernauer Straße/Ackerstraße die »Gedenkstätte Berliner Mauer« aus einem original erhaltenen 70-Meter-Abschnitt mit Vorder- und Hinterlandmauer, Peitschenmasten und Patrouillenweg eröffnet. Im Dokumentationszentrum gegenüber erinnern Fotos, Tondokumente und ein hölzerner Aussichtsturm an die Jahre der Teilung. An der Bernauer Straße haben 1961 einige der spektakulärsten Fluchten stattgefunden. Während Grenzsoldaten damit begannen, die Fensteröffnungen der zu Ost-Berlin gehörenden Häuser zuzumauern, retteten sich noch die letzten Bewohner der Obergeschosse in die Sprungtücher der West-Berliner Feuerwehr. Die Bilder davon gingen um die Welt. Ein noch größeres Medienecho löste ein Jahr später Hasso Herschel mit seinem 120 Meter langen Fluchttunnel aus.

1985 wurde an der Bernauer Straße sogar die mitten im Todesstreifen gelegene Versöhnungskirche gesprengt. Ihre Glocken und das deformierte Turmkreuz zieren heute den Vorplatz der an ihrer Stelle errichteten »Kapelle der Versöhnung«: ein schlichtes, aus dem archaischen Baustoff Lehm errichtetes Oval, umgeben von hellen Holzlatten. In den Lehm verquirlt wurden die zermahlenen Ziegelsteine der alten Kirche. Betritt man die von Peter Sassenroth und Rudolf Reitermann entworfene Kapelle, erblickt man eine im Boden eingelassene Glasscheibe. Durch sie werden Reste des alten Kirchenfundaments, Hohlblocksteine der Berliner Mauer, mit der der Kryptazugang versperrt wurde, und ein vor Ort entdeckter Blindgänger aus dem Zweiten Weltkrieg sichtbar.

Ähnlich intensiv wirkt die wechselhafte Berliner Geschichte am Mauerrest in der Niederkirchner Straße: auf der einen Seite die aus-

Ganz links: *NVA-Soldaten und Mitglieder der Alliierten Truppen standen sich oft genug Auge in Auge gegenüber.*

Links oben: *Die Spiegelwand der Mauergedenkstätte an der Bernauer Straße erinnert an die tragischen Szenen, die sich 1961 an diesem Ort abspielten.*

gegrabenen Keller der Gestapo (»Topographie des Terrors«), auf der anderen die NS-Monumentalarchitektur von Görings altem Reichsluftfahrtministerium, in dem zu DDR-Zeiten das Haus der Ministerien untergebracht war. Nach der Wende zog die Treuhandanstalt ein, heute ist hinter den wuchtigen Mauern der Bundesfinanzminister damit beschäftigt, unsere Konten zu erleichtern.

SURREALE BERLINER MELANGE

Auch sein Kollege, der Bundeswirtschaftsminister, kann aus seinem Büro-Trakt auf den einstigen Mauerstreifen blicken. Inzwischen zu einer Promenade umgewandelt, führt dieser Weg entlang des Berlin-Spandauer Schifffahrtskanal direkt über den alten Invalidenfriedhof, auf dem preußische Generäle wie Scharenhorst, aber auch der Jagdflieger Ernst Udet alias »Des Teufels General« (nach dem gleichnamigen Zuckmayer-Stück) beigesetzt wurden. Große Teile des Friedhofs wurden für den Mauerstreifen planiert, inzwischen hat man aber vieles wieder hergerichtet. Eine Tafel erinnert daran, dass hier der erste Mauer-Flüchtling sein Leben verlor. Nördlich des Friedhofs führt die Promenade an einem Neubau vorbei. Auf dessen Grünfläche steht einer der wenigen verbliebenen Grenzwachtürme. Zusammen mit dem etwas bemühten »Schöner wohnen am Wasser«-Ambiente und der kläglichen Buddelkiste für Kinder bildet der unter Denkmalschutz gestellte Turm eine geradezu surreale Berliner Melange, die durchaus eindrucksvoll wirkt.

Oben:
Blick vom Weinhaus Huth, das als einziges vom alten Potsdamer Platz übriggeblieben ist: Mauer und Todesstreifen verwandelten den einst und jetzt wieder pulsierenden Potsdamer Platz in eine Brachlandschaft. Unter dem kleinen Hügel in der Bildmitte schlummerten die Reste von Hitlers Reichskanzlei.

Rechts oben:
Die ehemalige »Grenzleitstelle« am Schlesischen Busch zwischen Kreuzberg und Treptow ist als Mahnmal erhalten geblieben.

Rechts:
Die Mauer, Symbol der Trennung einer Stadt, wurde zum größten Teil eingerissen. Nur noch an wenigen Stellen kann man den Grenzverlauf ahnen, wie hier beim Potsdamer Platz.

Unten und rechts:
Kreuzberger Mischung: Der Stadtteil ist noch im Wesentlichen durch typische Berliner Mietshäuser geprägt, am Fraenkelufer schiebt sich aber auch ein IBA-Neubau von Hinrich und Imken Baller zwischen die alten Fassaden.

Rechts Mitte:
Kneipen, Second-Hand- und Tante-Emma-Läden prägen die Bergmannstraße.

Rechts:
In bürgerlicher Noblesse präsentiert sich das Ensemble von Riehmers Hofgarten an der Yorckstraße.

Links oben:
Erspart eine Urlaubsreise: ein aufwändig herausgeputzter Balkon an einem Kreuzberger Altbau.

Links unten:
Der ruinöse Rest des Anhalter Bahnhofs wirkt in der Abendbeleuchtung richtig romantisch. Auf dem Gelände dahinter entsteht gerade das neue Tempodrom, eine Konzert- und Veranstaltungs-Legende seit den achtziger Jahren.

Unten:
Der Gipfel des künstlichen Wasserfalls am Kreuzberg wird vom Schinkel-Denkmal gekrönt, das an die Schlachten gegen Napoleon erinnert.

Seite 110/111:
Fast so breit wie ein See wirkt die Spree bei den von einem Versicherungskonzern genutzten Treptowers. Im Wasser steht die Alu-Skulptur »Molecule-Men« von Jonathan Borofsky.

Seite 112/113:
»Raumschiff Enterprise« wird das Internationale Congress Centrum (ICC) unterm Funkturm genannt. 1979 wurde der Koloss für gut eine Milliarde Mark gebaut.

Allianz

Messedamm
Messegelände
ICC

ZURÜCK ZUR NATUR

Kleingartenkolonie am Wasser: das zu Köpenick gehörende Neu-Venedig. Der grüne Bezirk im Südosten ist wegen des Müggelsees und seiner Wälder ein beliebtes Ausflugsziel, das gut mit der S-Bahn erreicht werden kann.

Es muss nicht immer die Fahrzeugkolonne des Bundeskanzlers sein, die einen Verkehrsinfarkt auslöst. Manchmal reicht auch ein Trecker, der in Gatow während der Rush-Hour zu den Feldern tuckert. Ein paar landwirtschaftliche Betriebe gehören genauso zum Großstadtleben wie die Havelfischer oder die Revierförster, die im Düppeler Forst auf die Pirsch nach Schwarzwild gehen, damit die Vorgärten der Anwohner nicht von Wildschweinen durchwühlt werden. Jwd – janz weit draußen – fühlt sich, wer vom Grunewaldturm den Blick über die Baumwipfel und die schillernde Havel schweifen lässt und dabei keinerlei Notiz nimmt vom Alltag der 3,5 Millionen Hauptstädter. Berlin ist nicht nur wegen seiner 400 000 Straßenbäume, seiner weitläufigen Wälder und der Parkanlagen eine grüne Stadt, sie bietet dank der zahlreichen Gewässer auch ein Freizeitangebot par excellence. An Sommer-Wochenenden gleicht der 740 Hektar große Müggelsee vor lauter auf die Wasserfläche getupften Segeln einem impressionistischen Gemälde, und in strengen Wintern verwandeln sich Krumme Lanke und Großglienicker See in Paradiese für Schlittschuhläufer. »Vorne Kudamm, hinten Ostsee« – eine Idealvorstellung, die Kurt Tucholsky beschwor und der Berlin tatsächlich sehr nahe kommt. Wie in den Londoner Docklands wird das Wohnen am Wasser neu entdeckt, etwa auf der Halbinsel Stralau. Naturverbunden seit eh und je fühlt sich das Großbürgertum in den Villenkolonien Grunewald, Wannsee oder Dahlem. Letzteres wurde zum bevorzugten Refugium für Regierungsmitglieder. Wenn sie beim Spaziergang vor Ort beispielsweise über den Ausstieg aus der Atomenergie nachgrübeln, kommen sie womöglich unverhofft an jenem Gebäude vorbei, in dem 1938 die Kernspaltung entdeckt wurde. So wie hier konfrontiert einen die naturnahe Stadtlandschaft immer wieder mit der Kulturgeschichte. In perfekter Weise versinnbildlichen das die Landschaftsparks von Peter Josef Lenné, sei es auf der Pfaueninsel oder in den Schlossparks von Niederschönhausen und Klein-Glienicke. Den fernöstlichen Kontrast zum frühen 19. Jahrhundert Lennés bildet der erst vor kurzem in Marzahn eröffnete »Garten des wiedergewonnenen Mondes« – die größte chinesische Parklandschaft in Europa.

– MITTEN IN DER METROPOLE

Links oben:
Das Kavaliershaus auf der Pfaueninsel wurde von Karl Friedrich Schinkel gestaltet.

Links Mitte:
Beim Bau des Schlosses Klein-Glienicke ließ sich Schinkel von der Architektur antiker Villen inspirieren.

Links unten:
Das Kasino von Karl Friedrich Schinkel findet sich in Lennés Schlosspark direkt an der Havel.

Unten:
Preußische Paradiesgärten: Das weiße Schlösschen auf der Pfaueninsel ließ Friedrich Wilhelm II. für seine Mätresse Wilhelmine Encke im Stil der Ruinen-Romantik errichten.

72
62

Linke Seite:
»... und dann nüscht wie raus nach Wannsee«: Dem alten Conny-Froboess-Song folgen während der Saison noch immer Zehntausende, um am größten Binnensee-Strandbad Europas zu relaxen.

Unten:
Wenn gerade keine Flaute herrscht, müssen sich die Segler den Müggelsee mit vielen Konkurrenten teilen.

Unten:
Was der Fischer Wolfram Ludwig hier im Spandauer Süden aus dem Wasser holt, kommt in der nahen Strandbude auf den Tisch.

Oben:
Der Großglienicker See hat angeblich das sauberste Badewasser Berlins.

Oben:
Der Müggelsee ist der größte See Berlins und beliebtes Naherholungsgebiet der Stadtbewohner.

Links:
Nach italienischem Vorbild wurde die Festungsanlage der Spandauer Zitadelle gebaut. In ihrem um 1200 entstandenen ältesten Teil, dem Juliusturm, wurde nach 1870/71 der so genannte Reichskriegsgoldschatz hinter einer dicken Panzertür aufbewahrt.

Unten:
Die Plattenbau-Trabantenstadt Marzahn entstand größtenteils auf ursprünglich landwirtschaftlich genutzten Flächen. Die Marzahner Bockwindmühle wird nach wie vor liebevoll gepflegt.

Oben:
Natur pur kann man im Naturschutzgebiet Tegeler Fließ in Reinickendorf erleben, einer von einem Gletscher geformten Landschaft.

REGISTER

N
Heckerdamm
AB-Kreuz Wilmersdorf
Tegeler Weg
Sickingenstr.
Olbersstr.
Huttenstr.
Osnabr. Str.
Schloss Charlottenburg
Spandauer Damm
Otto-Suhr-Allee
Kaiser-Friedrich-Str.
Cauerstr.
Deutsche Oper
Bismarckstr.
Kaiserdamm
Leibnizstr.
Kantstr.
Kantstr.
Kantstr.
CHARLOTTENBURG
Lewishamstr.
Kurfürstendamm
Westfälische Str.
Brandenburgische Str.
Konstanzer Str.
Hohenzollerndamm
Paulsborner Str.
Seesener Str.
Berliner Str.
AB-Kreuz Wilmersdorf
Hohenzollerndamm
Uhlandstr.
Rudolstädter Str.
Blissestr.
Forckenbeckstr.

WEDDING
PRENZLAUER
BERG
MOABIT
TIERGARTEN
MITTE
FRIEDRICHS-
HAIN
KREUZBERG
SCHÖNEBERG
TEMPELHOF
NEU-
KÖLLN
Seestr.
Schulstr.
Müllerstr.
Hussitenstr.
Brunnenstr.
Allee
Danziger Str.
Bernauer Str.
Schönhauser
Prenzlauer
Allee
Greifswalder Str.
Fennstr.
Sellerstr.
Quitzowstr.
Siemensstr.
Perleberger Str.
Rathenower Str.
Heidestr.
Chausseestr.
Kastanienallee
Stromstr.
Museum für
Naturkunde
Invalidenstr.
Rosenthaler Str.
Torstr.
Turmstr.
Alt-Moabit
Deutsches
Theater
Synagoge
Oranienburger Str.
Hackescher
Markt
Volksbühne
Münzstr.
Mollstr.
H.-Beimler-Str.
Friedenstr.
Volkspark
Friedrichs-
hain
Mollstr.
F.-List-Ufer
Luisenstr.
Friedrichstr.
Pergamon-
museum
Bodemuseum
Neues Museum
Dom
Karl-Liebknecht-Str.
Alexander-
platz
Fernsehturm
Karl-Marx-Allee
Haus der
Kulturen
der Welt
Paulstr.
Schloss
Bellevue
Bachstr.
Platz d.
Republik
Reichstag/
Dt. Bundestag
Humboldt
Universität
Altes
Museum
Spandauer
Str.
Gruner-
str.
Rotes Rathaus
Holz-
marktstr.
Lichtenberger
Str.
Branden-
burger Tor
Pariser
Platz
Unter den Linden
Palast d.
Republik
Nikolaikirche
Stralauer Str.
Großer
Stern
Siegessäule
Straße des 17. Juni
Akademie
d. Künste
Wilhelmstr.
Französische
Str.
Konzert-
haus
Märkisches
Museum
Brückenstr.
Tiergarten
Zoolog.-
garten
Philhar-
monie
Sony-
Center
Gertraud.
str.
Mühlenstr.
Tiergartenstr.
Kulturforum
Potsdamer
Platz
Leipziger Str.
Köpenicker Str.
Bauhaus-
archiv
Lützow-
platz
Reichpietsch-
ufer
National-
galerie
Staats-
bibliothek
Haus am Check-
point Charlie
Kochstr.
Oranienstr.
Heinr.-Heine-Str.
Budapester Str.
Europa-
Center
Tauentzienstr.
Schöneberger
Ufer
Stresemannstr.
Lindenstr.
Manteuffelstr.
Nürn-
berger Str.
An der
Urania
Einemstr.
Potsdamer Str.
Berlin-
Museum
Prinzenstr.
Oranienstr.
Kleiststr.
Lietzenburger Str.
Bülowstr.
Dt. Technik-
museum
Hallesches Ufer
Tempelhofer Ufer
Gitschiner Str.
Skalitzer Str.
Wiener Str.
Bundesallee
Blücherstr.
Prinzenstr.
Admiralstr.
Kottbusser Damm
Maybachufer
Martin-Luther-Str.
Potsdamer Str.
Bülowstr.
Urbanstr.
Blücherstr.
Yorckstr.
Yorckstr.
Gneisenaustr.
Körtestr.
Urbanstr.
Grunewaldstr.
Katzbachstr.
Mehringdamm
Viktoria-
park
Bergmannstr.
Hasenheide
Pannierstr.
Berliner Str.
Badensche Str.
Dominicusstr.
Belziger Str.
Kolonnenstr.
Sonnenallee
Hauptstr.
Dudenstr.
Volkspark
Hasenheide
Karl-Marx-Str.
Freih.-v.-Stein-Str.
Columbiadamm
Tempelhofer Damm
Boelckestr.
M.-v.-Richthofen-Str.
Flughafen
Berlin-Tempelhof
Flug-
hafenstr.
Hermannstr.
Wexstr.
Innsbrucker
Platz
Sachsendamm

Literatur live:
Eine Lesung findet in Juliette's Literatursalon an der Gormannstraße in Berlin-Mitte statt.

Impressum

Buchgestaltung
hoyerdesign grafik gmbh, Freiburg

Karte
Fischer Kartografie, Fürstenfeldbruck

Die Deutsche Bibliothek – CIP-Einheitsaufnahme
Reise durch Berlin / Volker Oesterreich (Autor).
Jürgen Henkelmann (Fotogr.) – Würzburg:
Verlagshaus Würzburg, 2001
ISBN 3-8003-1543-2

Printed in Germany
Repro: Artilitho, Trento, Italien
Druck: Konkordia Druck GmbH, Bühl
Verarbeitung: Josef Spinner Großbuchbinderei GmbH, Ottersweier

ISBN 3-8003-1543-2

Stürtz